Walhalla

Amtlicher Führer

bearbeitet v
Christian Qu

Bayerische
Schlösserverwaltung

Inhalt

Titelbild: Die Wallhalla über der Donau

Umschlagrückseite: Gesamtansicht des Innenraums Richtung Norden

Christian Daniel Rauch, Siegesgöttin und Büsten an der Ostwand

Christian Daniel Rauch, Siegesgöttin

Nächste Doppelseite: Blick vom westlichen Säulenumgang auf die Donauebene

Bedeutung

»Herrlich, herrlich, Klenze, prachtvoll, grandios, klassisch und schön, wie ich nur jemals etwas sah ...«

(Ludwig I. anlässlich der Einweihung der Walhalla, 1842)

Franz Hanfstaengl, Leo von Klenze, Fotografie, 1856

Rund zehn Kilometer östlich von Regensburg, hoch über der an dieser Stelle nach Norden abbiegenden Donau, erhebt sich weithin sichtbar ein griechischer Säulentempel am Hang des Bräubergs – die Walhalla. Errichtet wurde der gewaltige Bau auf hohen Substruktionen zwischen 1830 und 1842 im Auftrag des bayerischen Königs Ludwig I. (reg. 1825–1848) durch dessen Hofbauintendanten Leo von Klenze (1784–1864), einem der wichtigsten klassizistischen Architekten des 19. Jahrhunderts, um die Ehrenbüsten historischer Persönlichkeiten »teutscher Zunge« aufzunehmen.

Mit Baukosten von fast vier Millionen Gulden ist die Walhalla das kostspieligste Einzelbauprojekt des architekturbegeisterten Ludwig I. Ausgehend von älteren Vorläufern wie den Staffagebauten des Landschaftsgartens steigerte Klenze die Grundidee des Ehrenmals inmitten eines heiligen Hains in ein die Umgebung beherrschendes und gestaltendes Monument. In seinem Entwurf kombinierte er das als architektonisches Ideal erachtete Vorbild des antiken Parthenons auf der Athener Akropolis mit einem frei gestalteten Innenraum sowie dem unklassischen Motiv der stützenden Terrassenfolge. So wurde der Eindruck einer bloßen Adaption des berühmten griechischen Tempelbaus vermieden.

Joseph Karl Stieler, Ludwig I. im Königsornat (im Hintergrund die Walhalla), 1826

Klenze selbst bezeichnete die Walhalla als sein bedeutendstes Werk, dessen Grundsteinlegung er rückblickend als den letztlich einzig glücklichen Tag im langjährigen Dienst des bayerischen Königs nannte. Welche Wichtigkeit der Bau für Ludwig I. besaß, offenbart das offizielle Herrscherporträt, das Joseph Stieler im Jahr 1826, lange vor Beginn der Bauarbeiten, schuf: Es zeigt den Monarchen im Ornat, die Hand auf die neben der Krone liegende bayerische Verfassungsurkunde gestützt. Diese symbolische Zusammenstellung staatlicher Insignien wird bedeutungsvoll erweitert durch den Blick auf das nationale Ehrenmal, das sich im Hintergrund auf Bergeshöhen erhebt.

Schon in ihren Dimensionen stellt die Walhalla das bedeutendste Nationaldenkmal Deutschlands im 19. Jahrhundert dar. Erste Planungen reichen bis ins Jahr 1807 ins historische Vorfeld der Befreiungskriege gegen das napoleonische Frankreich zurück. Vollendet wurde der Erinnerungsbau über drei Jahrzehnte später in einer Phase der politischen Restauration, in der immer drängender Forderungen nach der Aufrichtung eines gesamtdeutschen Nationalstaats unter Führung Österreichs oder Preußens erhoben wurden. Gedacht als Kristallisationspunkt nationaler Identität, erschien Klenzes Ehrentempel vor diesem zeitgeschichtlichen Hintergrund bereits kurz nach seiner Einweihung gewissermaßen als ein historisches Relikt und letztlich als obsolet: Das wenig später gegründete preußisch-kleindeutsche Kaiserreich errichtete in rascher Folge eine Reihe nationaler Denkmäler mit einer anderen, chauvinistisch gefärbten Bildsprache, die nicht das Donauufer säumten, sondern bevorzugt Plätze entlang des Rheins als neuem deutschen Grenz- und Schicksalsfluss besetzten.

Gegenüber dieser Stein gewordenen »Wacht am Rhein« hebt sich die ältere Walhalla als eine von Beginn an universaler gefasste und langfristig relevantere Vision einer

GERECH
UND
BEHARRL

die Staatsgrenzen des 19. Jahrhunderts überwindenden, durch gemeinsame Sprache und geteilte Überlieferungen vereinten Kulturnation ab.

Jenseits der Wertschätzung als klassizistisches Baukunstwerk ersten Ranges besteht die gegenwärtige Bedeutung der Walhalla nicht zuletzt darin, dass sich in ihrer Entwicklungsgeschichte, die die ganze erste Hälfte des 19. Jahrhunderts umspannt, zentrale Aspekte dieser komplexen historischen Übergangsphase abbilden. In Klenzes Tempelbau, ursprünglich erwachsen aus der Ideenwelt des Deutschen Idealismus, spiegeln sich zeitgenössische Diskurse, die teilweise bis heute unseren Blick auf geschichtliche Prozesse, das Selbstverständnis als Nation, als Bürger und Individuen mit prägen.

Zur heutigen Wahrnehmung dieser Erinnerungsstätte gehört die Einsicht, dass uns der gleichsam unbefangene Zugang, den Ludwig I. und seine Zeitgenossen zur nationalen Historie und ihren Persönlichkeiten fanden, nach den Erfahrungen des 20. Jahrhunderts – den Exzessen eines entfesselten Nationalismus und des unreflektierten Umgangs mit der deutschen Geschichte – fehlt. Erleichtert wird eine Annäherung durch die Erkenntnis, dass Planung und Bau der Walhalla gleichfalls nicht bruchlos verliefen, sondern sich hier ein abwechslungsreiches Bild zahlreicher widersprüchlicher und wechselnder Positionen bietet. Im Zuge der Jahrzehnte währenden Konzeptionsphase und der anschließenden langen Bauzeit wandelte sich nicht nur der königliche Stifter vom unbestimmt liberalen Patrioten zum konservativen Vertreter des politischen Status quo, der im Krisenjahr 1848 schließlich abdanken musste; auch der Architekt sah sich mit anhaltender Kritik wechselnder Stoßrichtung konfrontiert, etwa dem Problem, wie weit eine antikisierende Architektursprache für ein dezidiert deutsches Monument angemessen sei. Wiederholt stellte sich die Frage, ob ein Denkmal, das zwar für das Volk, aber ohne seine Mitwirkung errich-

tet wurde, ein zukunftsweisendes Identitätssymbol der gesamten Nation sein könne oder nur ein Monument der bayerischen Monarchie – eines regional agierenden Mittelstaats, in dem ein Potentat seinen idealistischen Jugendtraum verwirklicht sehen wollte.

So spricht der malerische Tempelbau bei Regensburg Besucherinnen und Besucher nicht nur als charakteristische Kunstschöpfung einer vergangenen Epoche an: Die im Inneren aufgestellte Sammlung von Ehrenbüsten, die bis heute – gemäß der ursprünglichen Konzeption als offenes Denkmal – regelmäßig erweitert wird, fordert den Betrachter heraus, sei es zu Widerspruch, sei es zur Überprüfung eigener Positionen. Ludwigs I. einstige Bestimmung der Walhalla, »dass teutscher der Teutsche aus ihr trete, besser als er gekommen«, erfüllt sich so wohl nicht, muss und soll es auch nicht: Der von ihm gestiftete Erinnerungsbau präsentiert sich als ein zu Architektur und Kunst gewordener Denkanstoß und erfüllt damit wohl zeitgemäß und aufs Beste, was man von einem »Denk-Mal« fordern kann!

Wilhelm von Kaulbach, Die Architekten Ludwigs I. (Klenze, Voit, Ziebland, Ohlmüller, Gärtner) und ihre Bauwerke, 1850

Nächste Doppelseite: Walhalla, Westseite

Entstehungsgeschichte

»Größe muß in der Bauart sein, hohe Einfachheit, verbunden mit Pracht, spreche sein Ganzes aus, würdig werdend dem Zwecke...«

(Ludwig I. an Johannes von Müller, 1808)

ERSTE PLANUNGEN

Vincenz Georg Kininger, Johannes von Müller, 1791

Erste nachweisbare Pläne, ein Ehrenmal verdienter Deutscher zu stiften, entstanden bereits in der Kronprinzenzeit des 1786 geborenen Ludwig I. Im Zuge des Vierten Koalitionskrieges (1806/07), in dem das napoleonische Frankreich einen überwältigenden Sieg über Preußen erzielte, machte der bayerische Thronfolger im Januar 1807 auf der Durchreise zur polnischen Front im französisch besetzten Berlin Station. Am 8. Januar besuchte er mit dem Direktor der Münchner Kunstsammlungen Johann Georg von Dillis das Atelier des klassizistischen Bildhauers Johann Gottfried Schadow. Wohl unter dem unmittelbaren Eindruck dieses Kunsterlebnisses gab Ludwig bereits wenige Tage später bei Schadow und weiteren Berliner Bildhauern erste Büsten, zunächst von Zeitgenossen und Persönlichkeiten der jüngeren Vergangenheit, in Auftrag, wobei Ort und Form einer künftigen Aufstellung vorerst unbestimmt blieben. Zu diesen frühen Porträts gehörte auch das des vom Kronprinzen schwärmerisch verehrten Schweizer Historikers Johannes von Müller, der damals in preußischen Diensten stand. Während der Modellsitzungen in Schadows Atelier

Linke Seite: Tempel und Unterbau am Hang des Bräubergs

kam es im Sommer 1807 zum persönlichen Kontakt mit dem sprachgewaltigen Gelehrten, den Ludwig bislang vor allem durch sein fünfbändiges Werk *Geschichten schweizerischer Eidgenossenschaft* kannte. Begeistert und inspiriert von Müllers patriotischer Geschichtsinterpretation erkor Ludwig den Historiker zum maßgeblichen Berater bei der weiteren Planung seines Denkmalprojekts. Obwohl die Zusammenarbeit nur von kurzer Dauer war, da Müller bereits 1809 starb, konnten doch in rascher Folge eine Reihe wegweisender Entscheidungen getroffen werden: Der ursprüngliche Plan, von »fünfzig rühmlichst ausgezeichneten Teutschen Bildnisse in Marmor verfertigen zu lassen«, wurde Anfang 1808 auf die doppelte Anzahl erweitert, wobei »t(d)eutsch« länderübergreifend mit der Reichweite des deutschen Sprachraums gleichgesetzt wurde. Gleichzeitig entwickelte sich der künftige Bau einer angemessenen Denkmalsarchitektur, in der diese beachtliche Anzahl von Porträtbüsten Aufstellung finden sollte, zum bestimmenden Bestandteil des Projekts, wenn auch eine konkrete Verwirklichung zu diesem Zeitpunkt noch außerhalb der Möglichkeiten des finanziell wie auch in kunstpolitischen Entscheidungen von seinem königlichen Vater abhängigen Kronprinzen lag. Auf Müllers Vorschlag geht auch die Benennung des künftigen Ehrenmals als »Walhalla« zurück – Ludwig selbst hatte bisher mit Bezug auf ältere Vorbilder meist von seinem »Panthéon« oder seiner »collection« berühmter Männer gesprochen. Der den Dichtungen der Edda entlehnte Name »Walhalla« (von »valr« – der Erschlagene) bezeichnet in der nordischen Mythologie den unermesslich großen Festsaal in Wotans Götterburg, einen paradiesischen Ort, in dem die im heldenhaften Kampf gefallenen Krieger Aufnahme finden. Mit diesem Rückgriff auf die germanische Überlieferung, der angesichts der später verwirklichten, griechisch inspirierten Architektur stets für Irritation gesorgt hat, grenzten Müller und der Kronprinz ihr geplantes

Denkmal als Ehrenhimmel der (weit gefassten) deutschen Nation von vergleichbaren internationalen Projekten ab, gemäß den zeitgenössischen Forderungen Johann Gottfried Herders, poetische Ideen aus der »Denkart der Nation« zu schöpfen.
Die anfänglich unbestimmten Planungen des bayerischen Thronfolgers müssen vor dem Hintergrund der Zeitgeschichte, der Hegemonie des napoleonischen Frankreich und der damaligen Tagespolitik, gesehen werden, in der der Prinz aus dem Hause Wittelsbach eine von ihm selbst höchst ambivalent empfundene Rolle spielte: Seit 1805 war sein Vater Max I. Joseph (reg. 1799–1825), beraten von seinem Minister Montgelas, in ein enges Bündnis mit Napoleon eingetreten, das im Folgejahr mit der Erhebung Bayerns zum souveränen Königreich belohnt wurde. Zumindest mittelbar beteiligte sich Bayern so an der endgültigen Auflösung des ein Jahrtausend alten Heiligen Römischen Reiches Deutscher Nation. Der Kronprinz empfand dies schmerzhaft, fühlte er sich doch als Patriot, als »Teutscher«, wie er beharrlich sein Leben lang schrieb – sein Verweis auf die ursprüngliche Wortbedeutung von »teuta« als »Stärke, Volk«. Als solcher kultivierte er sorgfältig seinen Hass gegen die französischen Eroberer, musste aber akzeptieren, dass der gewachsene Rang und Einfluss seines Hauses sich eben der beklagten vaterländischen Schmach und dem verabscheuten Kaiser der Franzosen verdankten. Zudem sah er sich gezwungen, für Napoleon, den Verbündeten seines Vaters, gegen deutsche Bruderstaaten ins Feld zu ziehen. In diesem Dilemma eröffnete die ostentative Ehrung deutscher Helden Ludwig die Möglichkeit, gegenüber der profranzösischen Politik Max I. Josephs eine kritische Position zu beziehen und sich als Patriot zu bekennen, ohne die Gehorsamspflicht als Sohn, Untertan und französischer Kommandoträger zu verletzen. Erst 1813 sollte sich dieser Zwiespalt auflösen, als Bayern nach dem Desaster des französischen Russ-

landfeldzugs die Fronten wechselte und im Oktober, nur Tage vor der Leipziger Völkerschlacht, auf die Seite der siegreichen Alliierten übertrat.

DIE IDEE DES NATIONALDENKMALS

Der Gedanke, nicht dem Herrscher oder dem verdienten Einzelnen ein Ehrenmal zu errichten, sondern vielmehr in diesen – oder in ganzen Personengruppen – die über das Individuum hinausweisende Idee der Nation als Gesamtes zu ehren, entwickelte sich verstärkt seit dem 18. Jahrhundert. Gespeist wurde er von den gesellschaftlichen Idealen der Aufklärung, dem seit den 1770er-Jahren vorrangig in der Literatur propagierten Geniekult und der Bewegung der »Empfindsamkeit«, in der moralische Betrachtung und Gefühl eine enge Verbindung eingingen. Die Ehrung von Staatsmännern, Gelehrten und Künstlern im öffentlichen Raum erachteten Philosophen und Kunsttheoretiker der Aufklärung wie der Abbé Laugier als geeignetes Mittel, die sittliche Erziehung breiter Volksschichten zu fördern: Das sichtbare Beispiel, das die so Geehrten gäben, zusammen mit der Hoffnung, einst in ähnlicher Weise durch das Vaterland ausgezeichnet zu werden, sollte zur Nachahmung anspornen und einen stolzen, gemeinnützigen Patriotismus wecken. Zunehmend verschmolzen in den Rufen nach solchen volkspädagogischen Monumenten die Begriffe Tugend und Vaterland zu einer Einheit.
Frühe Vorläufer entstanden bereits im humanistischen Milieu der italienischen Renaissance-Stadtstaaten. Sie begründeten eine Jahrhunderte überspannende Tradition, die bis zu vielfigurigen Denkmalplätzen wie dem »Prato della Valle« in der Universitätsstadt Padua reichten mit seinen ab 1775 aufgestellten Statuen der dort tätigen Gelehrten.
Im 18. Jahrhundert erscheinen patriotisch konnotierte Gruppendenkmäler zunächst auf den Britischen Inseln,

Prato della Valle, Padua, errichtet ab 1775

wo mit der »Poets' Corner« im Querschiff der Londoner Westminster Abbey bereits seit dem späten 16. Jahrhundert ein zentrales, stets erweitertes Ehrenmal für die großen englischsprachigen Schriftsteller existierte. Vor allem in den Landschaftsgärten des liberal gesinnten englischen Landadels wurden vielerorts Staffagebauten im antikisierenden Stil errichtet, etwa der 1734 von William Kent entworfene »Temple of British Worthies« in Stowe mit dem benachbarten »Temple of Ancient Virtue«, die als sentimentale Stimmungsträger dienten. In den 1770er-Jahren ließ Erbprinz Friedrich von Dänemark im Park seines Schlosses Jægerspris eine Reihe schlichter Ge-

William Kent, Temple of British Worthies, Stowe, 1734/35

Pierre Gabriel Berthault (nach Abraham Girardet), Überführung von Jean-Jacques Rousseau ins Panthéon am 11. Oktober 1794

denkstelen für verdiente Dänen aus verschiedenen Jahrhunderten aufstellen.
Von diesen Entwicklungen dürfte Ludwig I. schon als junger Mann Kenntnis gehabt haben, hatte ihn doch bereits sein Lehrer Joseph Anton Sambuga darauf hingewiesen, welch erhebenden Eindruck eine Versammlung von Ehrenstatuen in den herrschaftlichen Gärten der Wittelsbacher hinterlassen müsse. Die berühmtesten zeitgenössischen Gruppendenkmäler kannte er: 1805 besuchte er das römische Pantheon, in dem rund 60 Büsten von Künstlern um das Grab Raffaels versammelt waren. Im Folgejahr konnte er während eines Aufenthalts an Napoleons Hof das Pariser »Panthéon« (ursprünglich ein von Jacques-Germain Soufflot entworfener frühklassizistischer Kirchenbau) kennenlernen. Die Krypta diente von 1791 bis

1806 und wieder seit 1885 als nationale Ehrengrablege der großen Franzosen, an die zusätzlich individuelle Monumente unter der gewaltigen Kuppel erinnern.
Sinnstiftend für diese Denkmalsarchitekturen war die Verbindung zwischen Ehrenmal und Gruft, der religiös besetzte Gedanke eines Aufstiegs des Verdienstvollen aus dem Grabe und seiner Verherrlichung im Licht der Unsterblichkeit. Dieser fand auch Eingang in zahlreiche Entwürfe für deutsche Nationaldenkmäler, die an der Wende vom 18. zum 19. Jahrhundert und verstärkt in der folgenden Ära der Befreiungskriege – nun oft mit antifranzösischer Tendenz – entstanden und wichtig für das Walhalla-Projekt wurden. Ein frühes, immens einflussreiches Beispiel stellt der Plan des jungen Architekten Friedrich Gilly für ein in Berlin zu errichtendes Denkmal des Preußenkönigs Friedrich II. des Großen von 1796 dar. Die von französischer Revolutionsarchitektur inspirierte Anlage inmitten eines weiträumigen Platzes vor dem Brandenburger Tor zeigte einen kubischen, dunklen Sockelbau, in dessen Innerem der Sarkophag des Königs ruht. Von dort führen gewaltige Treppenanlagen empor zu einem leuchtenden Tempel dorischer Ordnung, in dem das göttergleiche Standbild des verewigten Friedrich Aufstellung finden sollte. Klenze, damals noch am Anfang seiner Karriere, kannte und bewunderte Gillys Entwurf. Dessen Einfluss spiegelt sich in einem 1814, kurz nach dem Sieg

Friedrich Gilly, Entwurf für ein Denkmal Friedrichs des Großen, 1796

Leo von Klenze, Entwurf für ein Friedensdenkmal, 1814

der Alliierten über Napoleon, ausgearbeiteten Plan für ein wiewohl nicht deutsches, sondern paneuropäisches »Monument des Weltfriedens« wider: Auf hohem, mehrfach gestuftem Sockel mit mächtigen, trophäengeschmückten Eckpylonen erhebt sich eine christliche Kirche in Gestalt eines toskanischen Tempels. Unterbau und Ecktürme dienen als Grabstätte der Soldaten und Feldherren, entsprechend illustriert ein umlaufender Figurenfries das jüngste Schlachtengeschehen und memorieren gravierte Schriftbänder die Namen der Gefallenen. Die Apotheose geschieht im bekrönenden Kultbau, in dem die siegreichen Häupter der alliierten Staaten und die friedensstiftende, verbindende Macht der christlichen Religion gemeinsam gefeiert werden.

Dieses aufwendig ausgeführte Projekt, in dem Klenze neben dem Vorbild Gillys auch Motive aus den kurz zuvor publizierten *Ideen zu einem teutschen Nationaldenkmal* von Friedrich Weinbrenner aufgriff, hoffte der junge, erst dreißigjährige Architekt – im Zuge der Kriegsereignisse ohne Stellung und auf der Suche nach Auftraggebern – den fürstlichen Teilnehmern des internationalen Wiener Friedenskongresses unterbreiten zu können. Sein Traum, den megalomanen Bau verwirklichen zu dürfen, blieb unerfüllt, dennoch sollte sich Klenzes Initiative als höchst bedeutsam für dessen weitere Laufbahn erweisen: Er zog die Aufmerksamkeit des bayerischen Kronprinzen auf sich, der ihn mit Blick auf seine zahlreichen geplanten Bauprojekte im Herbst 1815 nach München einlud, wo Klenze im Dienst des Wittelsbachers seine Lebensstellung finden sollte. Es scheint sogar denkbar, dass der Architekt seine opulenten Zeichnungen im Frühjahr 1814 ganz bewusst mit Blick auf Ludwigs mittlerweile bekannte Denkmalplanungen hin geschaffen hatte – war doch in dessen Auftrag im Februar in der »Allgemeinen Bauzeitung« und anderen Blättern ein hoch dotierter Architekturwettbewerb für die Walhalla ausgelobt worden!

VOM WETTBEWERB VON 1814 BIS ZUM ENDGÜLTIGEN ENTWURF

Von Beginn an schwebte Ludwig I. für die künftige Denkmalsarchitektur, in der seine wachsende Büstensammlung Aufstellung finden sollte, eine enge Anlehnung an die berühmtesten Vorbilder der Antike vor, um dem Gebäude die seiner Funktion angemessene zeitlose Würde und Schönheit zu garantieren – gemäß einem damals viel zitierten, regelmäßig missverstandenen Paradoxon Winckelmanns, »nur in der Nachahmung der Griechen könne die moderne Kunst unnachahmlich werden«. Dabei schien dem Kronprinzen vor allem der klassische dorische Stil des 5. vorchristlichen Jahrhunderts, dem Zeitalter von Perikles, Phidias und Iktinos, dem Architekten des Parthenons, als vorbildlich. Die edel proportionierte dorische Säulenordnung ohne Basis und mit schlichtem Kapitell, die im Zuge von Ausgrabungen in der zweiten Hälfte des 18. Jahrhunderts zunehmende Bekanntheit erlangte, galt als Inbegriff von ruhiger Festigkeit und monumentaler Würde.

Karl von Fischer, Erster Entwurf zur Walhalla, Aufriss, 1809/10; Architekturmuseum der TU München

Schon 1809/10 ließ Ludwig erste Pläne durch den Hofarchitekten seines Vaters, Karl von Fischer, ausarbeiten. Fischer kombinierte in seinen Vorschlägen Charakteristika der prominentesten Beispiele griechischer und römischer Bauten, des Athener Parthenons und des römischen Pantheons. Zwei erhaltene Alternativentwürfe zeigen eine kreuzförmige Anlage mit zentraler Kuppel und vorgelegter Säulenhalle sowie einen bereits an die später umgesetzte Lösung erinnernden Längsbau mit umlaufendem dorischen Säulenkranz. Offensichtlich lehnte sich Fischers eleganter Klassizismus aber zu eng an die unerwünschten Vorbilder der französischen Empire-Architektur an, um zu überzeugen. In der Folge nahm Ludwig, vermittelt durch seinen Kunstberater Martin von Wagner, ab 1811 Kontakt mit Johann Carl Haller von Hallerstein auf, einem Pionier der archäologischen Bauforschung, der bereits früh in Griechenland antike Ruinen vermaß und als bester deutscher Kenner der originären hellenischen Architektur gelten durfte.

Im Austausch mit Haller entwickelte Ludwig die Vorgaben für den Text des Wettbewerbs, der am 28. Februar 1814 im Auftrag des Kronprinzen durch die Bayerische

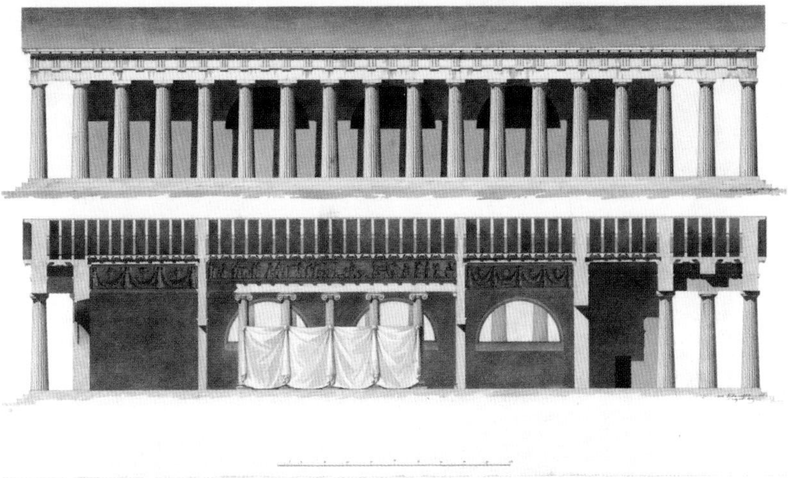

Karl von Fischer, Zweiter Entwurf zur Walhalla, 1810; Architekturmuseum der TU München

Akademie der Wissenschaften ausgeschrieben wurde: International waren Künstler und Architekten aufgefordert, Pläne für ein (später nicht realisiertes) Invalidenhaus für bayerische Veteranen, ein Skulpturenmuseum (die künftige Münchner Glyptothek) und die Walhalla einzureichen. Allerdings wurde den Wettbewerbern nur ein geringer gestalterischer Spielraum gewährt; Ludwig verlangte kategorisch ein Gebäude mit umlaufendem Säulengang dorischer Ordnung im »reinsten antiken Geschmack«, dessen erste Bedingung »nicht Zierlichkeit, sondern gediegene Größe« sein sollte. Die Teilnehmer wurden geradezu zur unmittelbaren Kopie antiker Vorbilder aufgefordert, denn es sei vorzuziehen, das geplante Denkmal »zeige sich als würdige Nachahmung des Großen im Alterthume denn als eine minder schöne Selbsterfindung«.
Insgesamt gingen bei der Akademie bis 1816 (nach Verlängerung und teilweiser Lockerung der gestalterischen Vorgaben) für die drei Projekte rund 40 Entwürfe von 28 Wettbewerbern ein, darunter neben Klenze und Haller so prominente Künstler wie Karl Friedrich Schinkel und späterhin erfolgreiche Münchner Architekten wie Daniel Ohlmüller und Friedrich von Gärtner. Der Preis (wiewohl

Leo von Klenze, Wettbewerbs-entwurf zur Walhalla, 1815

nicht der Auftrag) wurde Anton Weiß zugesprochen, einem Schüler (wie manche behaupteten, auch Strohmann) Karls von Fischer, der als Jurymitglied von der Teilnahme ausgeschlossen war. Hingegen wurde Klenzes spät eingereichter, eng entlang der Vorgaben entwickelter Entwurf eines dorischen Tempels, dessen Innenraum von einer ungriechischen steinernen Halbtonne überwölbt wird, von Fischer scharf als »mühsam« und »fehlerhaft« kritisiert. Klenzes Zeichnungen offenbaren seine damals noch starke Beeinflussung durch den französischen Architekten Jean-Nicolas-Louis Durand, der seine Bauten auf Basis eines streng rationalisierten Rasters gleichförmiger Raummodule entwickelte. Erst später, nach eigenen archäologischen Bauforschungen (Sizilien 1823/24), eignete Klenze sich das subtile Spiel mit Maßen und Proportionen an, das für die klassische Tempelarchitektur Griechenlands so charakteristisch ist und das auch die einzelnen Bauglieder der Walhalla auszeichnet.

Als einflussreichster Wettbewerbsbeitrag sollte sich die über 100 Blatt starke Einsendung Haller von Hallersteins

Carl Haller von Hallerstein, Wettbewerbsentwurf zur Walhalla, um 1813/14

erweisen (die Klenze später aus dessen Nachlass erwarb). Gemäß Ludwigs Wünschen und fußend auf seinen eingehenden Studien vor Ort lieferte Haller eine archäologisch fundierte Variante der Tempel von Ägina und Athen. Auch sah er bereits einen umlaufenden Figurenfries vor, der inhaltlich auf die Funktion des Gebäudes, eine Art Gottesdienst für die verewigten Nationalhelden, Bezug nehmen sollte. Vor allem tauchen in seinem Projekt zentrale Motive auf, die später in Klenzes Bau wieder begegnen: Dies betrifft besonders die Einbettung des Tempelbaus in eine – in Anlehnung an die heroische Landschaftsmalerei des 17. Jahrhunderts – noch ideal gedachte Naturszenerie. Die Positionierung auf einer Anhöhe, von der aus das Monument die ganze Umgebung dominiert und durch seine Präsenz formt, ist neuartig und hebt den Entwurf von der bisher üblichen, sentimentalen Antikenrezeption im Rahmen des Landschaftsgartens ab. Eng hiermit verbunden und gleichfalls ein originärer Gedanke Hallers ist die Idee einer Art von Pilgerweg, auf dem sich der Besucher dem Denkmal langsam über verschiedene Stationen nähert. Im

Aufstieg durch einen geweihten Hain wird er geläutert und seelisch eingestimmt, bevor er das deutsche Nationalheiligtum betritt.

Insgesamt blieb der künstlerische Ertrag des aufwendigen Verfahrens aus Ludwigs Sicht unbefriedigend. Zweifellos irritierte ihn auch Kritik seiner Berater, die die Legitimität einer Antikenkopie für ein deutsches Nationalmonument wiederholt infrage stellten. Daher traten zunächst andere Projekte, namentlich die von Klenze errichtete Glyptothek, in den Vordergrund, sodass die Planungen für den, wie bereits absehbar, sehr kostspieligen Bau der Walhalla mehrere Jahre ruhten.

Erst 1819 ist eine Wiederbelebung zu erkennen: Auf Aufforderung des Kronprinzen arbeitete Klenze im November neue Entwürfe aus, nun allerdings für einen überkuppelten, kreisrunden Zentralbau (»Tholos«) auf gestuftem Podest mit einem umlaufenden Kranz dorischer Säulen. Letztlich ist diese weitreichende Konzeptänderung auf Klenzes zunehmendes Streben nach einer, wie er es nannte, organischen Architektursprache zurückzuführen, in der Form und Inhalt zu überzeugender und nachvollziehbarer Übereinstimmung gelangen. Nur in einem solchen, in organischer Harmonie konzipierten Bau finde

Carl Haller von Hallerstein, Wettbewerbsentwurf zur Walhalla, um 1813/14

Leo von Klenze, Entwurf zur Walhalla als Rundbau, 1819

die übergeordnete »poetische Idee« einer anspruchsvollen Architektur Ausdruck, was Grundvoraussetzung und Ziel jeglicher Baukunst sein müsse. Zwar, erläuterte Klenze seinem Herrn, sei der griechische Tempel »die schönste Bauform der Welt«, doch könne vor allem ein Rundbau »die Idee eines Centrums deutschen Verdienstes«, in dem »der gleiche Rang alles Verdienstes und aller Tugenden« gefeiert werde, in idealer Weise abbilden. Zugleich sei die perfekte Kreisform als Sinnbild des Kosmos am besten geeignet, die transzendentale »Vorstellung des Elisiums« zu verkörpern.

Überraschend aufgeschlossen akzeptierte Ludwig den so andersartigen Vorschlag. Im Mittelpunkt seiner Überlegungen stand mittlerweile nicht mehr die unmittelbare Kopie des antiken Vorbilds als die beste ästhetische Lösung, sondern der selbstbewusste Wunsch nach einer originären architektonischen Schöpfung. Denn »auch des schönsten Wiederholung bleibt doch nur Nachahmung, und dieses, ich fühle es, wäre unter Walhalla's Würde [...] ein Ur-Werk soll es sein«. Entsprechend verlangte er nur, ihm keine Wiederholung des Pantheons oder von Andrea Palladios berühmter Villa Rotonda bei Vicenza vorzulegen.

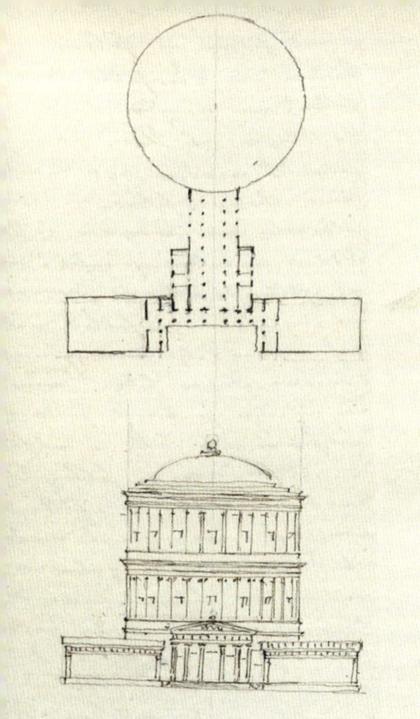

Leo von Klenze, Walhalla-Entwurf nach Angaben Ludwigs I., 1820

In der Folge wurde das Tholos-Projekt von Klenze zur Ausführungsreife fortentwickelt. Doch sollten sich auch diese Arbeiten nur als eine weitere Planungsetappe erweisen: Es waren bereits Aufträge erteilt, das nötige Steinmaterial zu brechen, als Ludwig, der sich zu diesem Zeitpunkt in Rom aufhielt, im Dezember 1820 unerwartet einen vollständigen Stopp des weit vorangetriebenen Projekts anordnete. Vor allem die zentrale Idee des umlaufenden Säulenkranzes wurde nun als unklassisch wie auch hinsichtlich der optischen Wirkung als unbefriedigend kategorisch abgelehnt. Dieser Sinneswandel dürfte auf den Einfluss von Klenzes Intimfeind, Peter von Cornelius, zurückzuführen sein, dem der Architekt seine Pläne hatte vorlegen müssen und die Cornelius als »zu französisch« kritisiert hatte.

Unter dem Eindruck, den die umgebenden Zeugnisse der römischen Architektur auf ihn ausübten, quälte der sprunghafte Kronprinz den verzweifelnden Klenze in der Folge mit verschiedensten eklektizistischen Gestaltungsvorschlägen, etwa für ein mehrstöckiges Rundgebäude in Art des Hadriansgrabmals (heute Engelsburg), kombiniert mit einem Torbau nach Vorbild der Propyläen auf der Athener Akropolis. Klenze sah seine künstlerischen Grundsätze ernsthaft bedroht durch Augenblickseingebungen des Auftraggebers, den er in seinen privaten Aufzeichnungen regelmäßig als Architekturdilettanten beschimpfte. Obwohl sonst bereit und geschickt darin, sich den wechselnden Wünschen seines Herrn anzuschmiegen, wurde er in dieser Krise ungewöhnlich deutlich: Er könne Ludwigs wenig fundierte Ideen, die niemals zum erstrebten Ideal eines organischen Ganzen führen wür-

Leo von Klenze, Entwurf der Walhalla in Tempelform mit Unterbau, 1821

den, nicht umsetzen. Er bäte, von dem Auftrag entbunden zu werden oder aber nach Verwerfung des Rundbaus alternativ auf die ältere Idee eines Längsbaus nach Vorbild des Parthenontempels zurückgehen zu dürfen, die ihm nun als verbleibende Rettung erschien. Klenzes Kalkül ging auf: 1821 konnte er Ludwig nochmals zwei Entwürfe vorlegen, einen am Hang stehenden, glattwandigen Rundbau mit vorgelegtem Portikus und die Zeichnung eines rechteckigen Tempels mit umlaufendem Säulenkranz auf gestuftem Podest, zu dem man durch einen vorgelagerten Torbau gelangte. Während der Unterbau aus »pelasgischem Mauerwerk« Klenzes eigene Zutat und ein Kernstück seiner »poetischen Idee« darstellte, ist in der Gestaltung des Tempels die mittlerweile erfolgte Abkehr vom starren Architekturraster Durand'scher Prägung zugunsten einer archäologisch stimmigen Orientierung an erhaltenen Zeugnissen dorischer Tempelarchitektur zu beobachten. Am 23. März 1821 bestimmte Ludwig den zweiten Vorschlag zur Ausführung, eine Entscheidung, die künftig nie mehr grundsätzlich infrage gestellt wurde – eine lange Auseinandersetzung war zu ihrem Ende gekommen.

DIE WEITEREN NATIONALDENKMÄLER LUDWIGS I.

Das staatstragende und identitätsstiftende Potenzial, das Ludwig I. in der Errichtung von Denkmälern erkannte, die verdiente Persönlichkeiten und ruhmvolle Ereignisse der vaterländischen Geschichte verherrlichen, veranlasste den Wittelsbacher neben dem Bau der Walhalla zur Stiftung zahlreicher weiterer patriotischer Monumente, aus denen vor allem zwei Projekte herausragen.

Im Oktober 1842, einen Tag nach Einweihung der Walhalla, legte Ludwig einige Kilometer donauaufwärts auf dem Michelsberg bei Kelheim den Grundstein für die gewaltige Befreiungshalle als Erinnerungsort des deutschen Sieges über das napoleonische Frankreich. Den ursprünglichen, 1836 begonnenen und vielfach überarbeiteten Plan für einen überkuppelten Zentralbau im Rundbogenstil hatte Friedrich von Gärtner, Klenzes schärfster Rivale um die wechselhafte königliche Gunst, ausgearbeitet. Nach Gärtners frühem Tod 1847 führte Klenze die Bauarbeiten bis 1863 zu Ende, wobei er das ursprüngliche Konzept gemäß seinen eigenen architektonischen Idealen veränderte. Im Vergleich zur Walhalla verkörpert die Befreiungshalle einen deutlich anderen Aspekt nationalen Gedenkens. Nicht die ideale Versammlung verdienstvoller Individuen aus den Bereichen von Politik, Kunst und Wissenschaft steht im Zentrum. Vielmehr feiert ein Reigen marmorner Siegesgöttinnen den in nationaler Einigkeit errungenen militärischen Triumph über einen gemeinsamen Gegner. Dennoch fanden mehrere der für die Walhalla gefundenen Baulösungen auch bei dieser andersgearteten Denkmalsarchitektur Anwen-

Die Befreiungshalle bei Kelheim

dung, so das polygonale Mauerwerk der Sockelzone, der symbolische (real funktionslose) Zugang durch den Unterbau und die technisch innovative Eisenkonstruktion im Dachbereich.

Die Bavaria vor der Münchner Ruhmeshalle

Auch das dritte große in Ludwigs Auftrag entstandene Nationaldenkmal, die Ruhmeshalle, ist ein Werk Klenzes, in das viele Elemente aus den frühen Planungsstadien der Walhalla einflossen. Nach wechselvoller Vorgeschichte errichtete er zwischen 1843 und 1853 vor den damaligen Toren Münchens am Hang der Theresienwiese eine dreiflügelige offene Säulenhalle auf hohem Podest, in der die Büsten verdienter Bayern Aufnahme fanden. Dominiert wird die Anlage bis heute von der kolossalen, über 18 Meter hohen Bronzestatue der Bavaria, die nach Entwürfen Ludwig Schwanthalers 1843/50 in der königlichen Erzgießerei entstand. Den weit gefassten Begriff der Nation, wie er in der Walhalla verherrlicht wird, verengt der inhaltlich und formal ähnlich konzipierte Münchner Denkmalsbau exklusiv auf Bayern und feiert so eine Vaterlandsidee, die für die Untertanen Ludwigs I. greifbarer gewesen sein dürfte. Insofern unmittelbarer an das Volksleben gebunden als der ferne Donautempel, konnte sich für die Ruhmeshalle ein Wunsch Klenzes verwirklichen, den der Architekt eigentlich für die Walhalla formuliert hatte, nämlich als lebendiges Nationaldenkmal Schauplatz regelmäßiger Feiern und Umzüge der Bevölkerung zu sein: Bis heute findet alljährlich zu Füßen der Ruhmeshalle das Oktoberfest, das größte Volksfest der Welt, statt!

GRIECHISCH ODER GOTISCH? – DIE STILFRAGE ALS KULTURGESCHICHTLICHE THEORIE

Schon in Zusammenhang mit dem Architekturwettbewerb 1814 war die Festlegung eines antikisierenden Stils für das künftige deutsche Nationaldenkmal vielfach kritisiert worden. So fragte sich der einflussreiche Kunstagent Ludwigs I. in Rom, Martin von Wagner, obwohl selbst ein begeisterter Liebhaber griechischer Altertümer: Warum »hat man diesem deutschem Ruhm gewidmeten Gebäude nicht auch eine deutsche Form oder Bauart gegeben? Warum soll es von außen einem griechischen Tempel gleichen?« Auch Peter von Cornelius stellte 1820 die Angemessenheit einer antikisierenden Architektursprache für eine dezidiert nationale Bauaufgabe infrage und erschütterte damit Klenzes weit gediehene Planungen. Als Stilalternative erschien den zeitgenössischen Kritikern dabei stets der Rückgriff auf die Gotik, die seit der Renaissance vielfach geschmähte und als barbarisch abqualifizierte Architektur des hohen und späten Mittelalters. Bereits seit dem späten 18. Jahrhundert und zunehmend im Kontext der sich formierenden nationalen Bewegung wurde die bislang verachtete gotische Kunst nun als genuin deutsche Kulturleistung in Anspruch genommen, als charakteristischer Nationalstil, inspiriert von der Gefühlswelt der christlichen Religion. Diese aus heutiger Sicht falsche historische Herleitung wurde durch programmatische Schriften wie das leidenschaftliche Manifest *Von deutscher Baukunst* des jungen Goethe von 1773 und die poetisch verklärten Kunstbetrachtungen der romantischen Schriftsteller Wilhelm Heinrich Wackenroder und Ludwig Tieck rasch popularisiert. Auch bei Ludwig I. fielen die neuen Ideen auf fruchtbaren Boden. Engagiert verfolgte und förderte er etwa in späteren Jahren die als gesamtdeutsches Projekt gefeierte Vollendung des Kölner Doms (ab 1842), für den er Fenster stiftete und der zeitweilig als

Karl Friedrich Schinkel, Projekt eines Denkmalsdoms, 1814/15

ein wechselweise mit der Walhalla zu bespielendes Nationaldenkmal im Gespräch war. Aber schon zuvor hatte Ludwig selbst ab 1828 die Restaurierung und Regotisierung der Domkirchen in Bamberg und in Regensburg veranlasst, also in unmittelbarer Nachbarschaft von Klenzes wenig später begonnenem Tempelbau.
Auch für die Walhalla, »das Kind meiner Liebe«, hatte der Thronfolger auf Wagners Kritik hin die starren Auflagen nachträglich gelockert und den Wettbewerbern eine freie Wahl des Stils zugebilligt. Daraufhin reichten Schinkel und Ohlmüller Pläne für gotisierende Zentralbauten mit Spitzbogen und Fialen ein, in denen die Büsten an Bündelpfeilern und in umlaufenden Kapellenkränzen Aufstellung finden sollten. In seinem Entwurf variierte Schinkel, zweifellos der berühmteste Wettbewerber, seine zeitgleichen Planungen für einen neogotischen Denkmalsdom in Berlin, der als christlich-nationales Monu-

ment der Befreiungskriege dienen sollte. In der Verbindung von Kriegermausoleum und einem sich darüber erhebenden Kultbau erinnert dieser preußische Entwurf – jenseits der Stilfrage – stark an die verschiedenen Tempelprojekte, die der bayerische Kronprinz für seine Walhalla ausarbeiten ließ.
Gemeinsam ist den diversen gotisierenden Denkmalsentwürfen die Rückbindung an ein nationales Geschichtsbild, in dem das 12. und 13. Jahrhundert als die große Epoche Deutschlands unter der Herrschaft machtvoller Kaiser gesehen wurde, die es in einer patriotischen Kraftanstrengung in der eigenen Gegenwart zu erneuern galt. Dabei wird – das zeigt Schinkels Idee des Denkmaldoms – der Historie ein sakraler Charakter zuerkannt, sie tritt als eigenständige sinnstiftende Potenz neben die Religion. Eine solche Auffassung der Architektur als historische Form lag Klenze fern, der neogotische Architektur, auch die des von ihm hoch geschätzten Schinkel, kategorisch als Rückfall in überwundene Kunstanschauungen ablehnte. Für ihn besaß das antike, griechisch-klassische Vorbild uneingeschränkten Vorrang, da dieses für ihn keine historische, somit relative, sondern eine ethische, das hieß absolute Kategorie darstellte. Zunehmend kristallisierte sich für Klenze die griechische Architektur mit ihrer Vorliebe für klare tektonische Formen und dem im Säulenbau veranschaulichten Grundprinzip von Last und Stütze als das eine, göttlich inspirierte und die Prinzipien der Schöpfung aufgreifende Kunstideal heraus. Dieses sei zwar in einer historischen Zufälligkeit zunächst Griechenland offenbart worden, gehöre aber letztlich der gesamten Menschheit an und beanspruche allgemeine Verbindlichkeit. Nur dieser, vom höchsten Weltenbaumeister selbst eingesetzte Stil war aus seiner Sicht angemessen für ein Gebäude, das als ideelles Zentrum der Nation eine moralisch-ästhetische Aufgabe erfüllen sollte. Klassische Architektur, verstanden als Zeugnis einer höheren Mensch-

lichkeit, galt ihm im Rahmen der Bauaufgabe »Walhalla« als ideale Synthese von Nationalität und universaler Humanität.

Angesichts der nicht verstummenden Kritik sah sich Klenze allerdings gezwungen, seine metaphysischen Kunstanschauungen in eine historisch argumentierende Rechtfertigung der Walhalla in Tempelform umzuwandeln. Hierfür arbeitete er Thesen aus, die er 1820, im Jahr der endgültigen Genehmigung des Entwurfs, vor der Bayerischen Akademie der Wissenschaften vortrug und dazu eine von ihm vorgeschlagene Rekonstruktion toskanischer Tempelbauten präsentierte. Diese nämlich deutete Klenze als einen Beleg für den gemeinsamen Ursprung griechischer und germanischer Kultur. Dabei stützte er sich auf die in den zeitgenössischen Mythen-, Geschichts- und Sprachforschungen entwickelte Theorie einer vorgeschichtlichen Wanderungsbewegung der indogermanischen Völkerfamilie. Klenze konstatierte, dass sich auf diesem gemeinsamen Zug vom Kaukasus, der Urheimat der Menschheit, in Richtung Westen Teile abgespalten und als einzelne Stämme über Europa verteilt hätten. Dabei sei die ursprünglich allen gemeinsame Baukunst in regionalen, klimatisch und historisch bedingten Abwandlungen im Norden und Süden weiterentwickelt worden, wobei aber die gemeinsame entwicklungsgeschichtliche Wurzel bis in die Gegenwart nachweisbar geblieben sei. Als Vermittler für die gemäß dieser Theorie eng miteinander verwandte Kultur der späteren germanischen und griechischen Stämme machte Klenze das mythische Volk der Pelasger aus, das sich entlang der Donau über Mittel- und Osteuropa ausgedehnt hätte.

Mithilfe dieses kulturgeschichtlichen Konstrukts wurde versucht, griechische Form und »teutsche« Bestimmung des von Ludwig und Klenze geplanten Nationaldenkmals zur Deckung zu bringen und der romantisch-patriotischen Kritik an der favorisierten Tempelform zu begegnen.

Nächste Doppelseite: Leo von Klenze, ideale Ansicht der Athener Akropolis, 1846

Robert Ker Porter, Grabmal des Cyrus, 1818

Klenze setzte die von ihm entwickelte kulturgeschichtliche Theorie, die mehr und mehr zur formbestimmenden »poetischen Idee« seiner Walhalla wurde, an verschiedenen Stellen des Gebäudes in Architektur um. Die Kombination des vom Parthenon abgeleiteten Peripteros-Tempels mit einem getreppten Unterbau, die in älteren Planungsstadien vor allem den Aufstieg der verherrlichten Helden vom Grab in die Unsterblichkeit symbolisiert hatte, deutete er nun ergänzend in eine Abfolge von untereinander entwicklungsgeschichtlich verbundenen Stilzitaten um: Als Vorbilder für den Kultbau auf gestuften

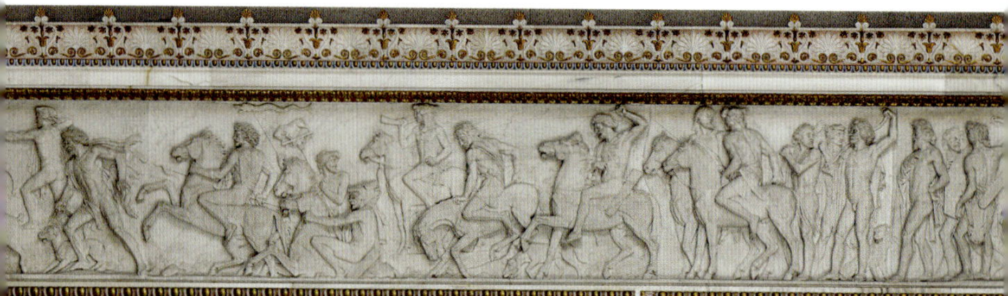

Terrassen verwies er auf das architektonische Erbe des antiken Orients, das seit dem 18. Jahrhundert ergraben wurde, wie die babylonischen Zikkurats und die Mausoleen der persischen Großkönige. Bei der Gestaltung des Zugangs in den Unterbau des Tempels, der ursprünglich die Büsten der jüngst verstorbenen Nationalhelden aufnehmen sollte, orientierte Klenze sich hingegen an ägyptischen und etruskischen Grabarchitekturen. Das historische und wortwörtliche Fundament dieser universalen Baugeschichte bildete der Sockel, für den der Architekt eine Verkleidung aus vieleckigen Steinblöcken vorsah, wie sie an den archaischen Ruinen der antiken Welt auftreten und die Klenze als Erbe der Pelasger deutete. Hoch über diesem »pelasgischen« Fundament, das beim Betrachter den Eindruck unzerstörbarer Festigkeit hervorrufen sollte, erhebt sich auf der obersten Terrasse der glanzvolle Endpunkt aller Baukunst – der griechische Tempel.

Der an seinen Innenwänden angebrachte Figurenfries von Martin von Wagner schließlich illustriert den Völkerzug entlang der Donau sowie Landnahme und kriegerische Selbstbehauptung der Germanen, die ihren heilsgeschichtlichen Höhepunkt in der zentral dargestellten Ausbreitung des Christentums unter den alten »Teutschen« findet.

Martin von Wagner, Zug der Germanen (Ausschnitt aus dem Walhalla-Fries), 1823/37

GEMALTE WALHALLA-VISION – DIE PROGRAMMBILDER KLENZES UND TURNERS

In zwei programmatischen Gemälden, die durch ihre malerische Opulenz den sparsamen Ludwig I. für die kostspieligen »poetischen Ideen« seines Hofbauintendanten einnehmen sollten, hielt Klenze seine kulturhistorische Vision der Walhalla-Architektur fest. Eine 1836 gemalte Idealansicht von Südosten (Sankt Petersburg, Eremitage) zeigt den vollendeten Tempel, bedeutungsvoll vom Licht der Morgensonne beschienen, als prägendes Element der umgebenden Donauberge mit ihren historischen Bauten, der benachbarten Burgruine Donaustauf, der mittelalterlichen Salvatorkirche und den fernen Türmen der geschichtsträchtigen Stadt Regensburg. Das klassizistische Ehrenmal der Nation erscheint so als zusammenfassender Schlussstein einer über Jahrhunderte gewachsenen Denkmallandschaft. Eine kurz danach aus der Gegenrichtung wiedergegebene Ansicht von 1839 (Regensburg, Stadtmuseum) zeigt die in der Ferne liegende Walhalla von der Seite. Im Vordergrund erhebt sich die von Klenze in diesen Jahren architektonisch überformte Salvatorkirche aus dem frühen 15. Jahrhundert, ein Symbol des historischen und religiösen Erbes der Nation.

Leo von Klenze, Idealansicht der Walhalla von Südosten, 1836; © The State Hermitage Museum, St. Petersburg

Joseph Mallord William Turner, The Opening of the Walhalla, 1842;
©Tate, London 2017

Daneben erstreckt sich ein traditionelles Bauernhaus mit breit gelagertem Dreiecksgiebel – natürlich nicht zufällig: Die sich ähnelnde ländliche Architektur der Toskana, Tirols und des bayerischen Oberlandes galt Klenze als Beleg für das international fortdauernde Erbe einer vorgeschichtlichen »pelasgischen« Baukunst, auf die auch der Unterbau der Walhalla anspielt.

Keinen historischen, sondern einen letztlich metaphysischen Zugang zu Klenzes Nationaldenkmal schafft hingegen William Turners Gemälde »The Opening of the Walhalla« von 1842 (London, Tate Gallery): 1840 hatte der berühmte englische Maler die Baustelle besichtigt. Sein Bild zeigt den vollendeten Tempel als der Realität entrückte Licht- und Farbvision inmitten einer dunstig-unbestimmten, dabei paradiesisch anmutenden Kunstlandschaft, in der Architektur, Natur und Körper zu unauflösbarer Einheit verschmelzen. Das zugehörige Gedicht erläutert: »... peace returns – the morning ray / Beams on the Walhalla, reared to science and the arts...« Turner gelingt es, den idealistisch-romantischen Zeitgeist, aus dem die Idee der Walhalla geboren wurde, in Malerei umzusetzen, er blieb damit aber zumindest von seinen deutschen Zeitgenossen unverstanden: Auf der Münchner Kunstausstellung von 1845 erntete der Künstler vor allem Spott für sein »Farbgemengsel« ...

DER STANDORT – DENKMAL UND LANDSCHAFT

Mit der endgültigen Entscheidung für einen Tempel auf mehrstufigem Unterbau konkretisierten sich ab den 1820er-Jahren auch die Überlegungen für den Standort des künftigen Nationaldenkmals, das nun endgültig auf einer Anhöhe zu stehen kommen sollte. Zu Beginn der Planungen hatte Ludwig noch gemäß der Tradition der sentimentalen Architekturstaffagen und Parkdenkmäler einen Bau im Englischen Garten in München ins Auge gefasst. 1811 zog man einen Geländeabschnitt im Norden des Parks in der Nähe des Kleinhesseloher Sees in Betracht, den die Münchner auf ihren Spaziergängen regelmäßig passiert hätten; die Idee wurde aber nicht ernsthaft weiterverfolgt. Einige Jahre später, 1817, brachte Klenze zwei alternative Standorte außerhalb der künstlich gestalteten Welt herrschaftlicher Gartenanlagen ins Spiel: Er schlug dem Thronfolger vor, die Walhalla entweder auf der Anhöhe beim Dorf Bogenhausen zu errichten oder am Abhang der Theresienwiese, die seit Ludwigs Vermählung im Jahr 1810 regelmäßig für Volksfeste genutzt wurde (später erbaute Klenze dort die Münchner Ruhmeshalle als genuin bayerisches Nationaldenkmal).

Blick vom südlichen Säulenumgang auf die Donau

Während Klenze, ganz Architekt, anfänglich noch eine frei von allen Seiten einsehbare Lage auf einem hochgelegenen Gipfel favorisierte, schwebte seinem königlichen Auftraggeber eine wesentlich bildmäßigere Stimmung vor. Er wünschte daher eine klare Frontausrichtung des Tempels an einem Hang, hinter dem sich die eindrucksvolle Fernansicht aufsteigender Gebirge entwickeln sollte. Letztlich ging diese Idee des auf einer mittleren Anhöhe gelagerten Tempelbaus auf die Wettbewerbsentwürfe Haller von Hallersteins von 1814/16 zurück. Vor diesem Hintergrund brachte Klenze ab 1819 die damals von Weinbauern genutzten Donauberge bei Regensburg ins Gespräch. Ludwig kannte und schätzte die landschaftlich reizvolle Gegend mitsamt ihren zahlreichen historischen Reminiszenzen von Besuchen her, die er in früheren Jahren den Fürsten von Thurn und Taxis abgestattet hatte. Das in Aussicht genommene Terrain, der sogenannte Bräuberg östlich von Donaustauf, gehörte dem Fürsten Karl Alexander, dessen Sommersitz sich in unmittelbarer Nachbarschaft befand und der 1826 dem Kronprinzen 17 Tagwerk Grund schenkte. Später erwarb man zusätzliches Gelände für die Anpflanzung eines umgebenden Eichenwäldchens – allerdings wurde bewusst keine artifizielle Gartenanlage geschaffen, sondern eine reduzierte Version des ursprünglich von Haller vorgeschlagenen »heiligen Hains«.

Der wechselseitige Bezug von Architektur und umgebender Landschaft ist für die künstlerische Gesamtwirkung und die inhaltliche Ausrichtung der Walhalla von grundsätzlicher Bedeutung, wobei nicht die Landschaft dem Tempel ihre Stimmung mitteilt, sondern der Bau seine Umgebung beherrscht und die Landschaft als Ganzes monumentalisiert.

In Anlehnung an Hallers Idee einer schrittweisen Annäherung an das Denkmal auf einer Prozessionsstraße soll bereits der Weg hin zu Klenzes Tempelbau einen einstimmenden Teil des Erlebnisses bilden. Dabei geschieht der Aufstieg idealerweise vom Wasser her, boten sich von Bord eines Donauschiffes Klenzes Auffassung zufolge doch die mannigfaltigsten Fernblicke auf das über dem Uferhang thronende Gebäude. Beim anschließenden Besteigen der gegenläufigen Treppenanlagen, die in mehreren Absätzen und mit Ruhepunkten auf den Terrassen hinauf zum Tempelportal führen, erlebt der Besucher aus immer neuen Richtungen und stetig wechselnden Perspektiven eine Vielzahl unterschiedlicher Ansichten der Architektur, erfährt den frontal zum Fluss ausgerichteten Tempel als plastischen Baukörper.

Blick von der ersten Terrasse auf Unterbau und Tempel

Eine über den atmosphärischen Reiz der bergigen Uferlandschaft hinausgehende Bedeutung des gewählten Standorts drückt sich besonders in der Rede des bayerischen Innenministers Eduard von Schenk anlässlich der Grundsteinlegung im Jahre 1830 aus. Er ordnete das Nationaldenkmal in ein dichtes Netz historischer Bezüge ein, das sich über die geschichtsträchtige Donaulandschaft ausspannt: Besonders die benachbarte Burgruine Donaustauf als Zeugnis der streitbaren Ritterkultur des Mittelalters und die ehrwürdige, bis auf die römische Zeit zurückreichende Reichsstadt Regensburg, wo 1180 die künftige Belehnung Ottos von Wittelsbach mit der bayerischen Herzogswürde verkündet worden war, verknüpften nationale und dynastische Geschichte zu einer bedeutungsvollen Einheit, die in der Walhalla Ludwigs I. ihren abschließenden Ausdruck finden sollte.
Dieses System landschaftlicher Sicht- und historischer Sinnbezüge machte auch Klenzes architektonische Über-

Leo von Klenze, Salvatorkirche und Walhalla, 1839

arbeitung der am Fuße des Bräubergs gelegenen Wallfahrtskirche St. Salvator notwendig. Bis 1842 wurde das im Kern gotische, später barockisierte Gotteshaus durch einen aufgesetzten Rundbogenfries im Äußeren »byzantinisiert«, das heißt romanischen Bauten angenähert, und durch einen erhöhten Turmschaft in reizvollen optischen Kontrast zu dem benachbarten, breit gelagerten Tempel gesetzt. Der architektonische Verweis auf die Romanik als dem mittelalterlichen Erbe antiker Bautradition machte aus der umgestalteten Salvatorkirche ein weiteres Bildelement in Klenzes kulturphilosophisch konstruierter, von Jörg Traeger so bezeichneter »Denkmallandschaft«.

Die hoch über der traditionsreichen Flusslandschaft aufragende Walhalla teilte so der näheren und weiteren Umgebung den ihr eigenen Sinn mit. Andererseits sah Klenze in der Entscheidung für den abgeschiedenen Standort in relativer Ferne zu städtischen Zentren auch eine Gefahr für ein funktionierendes, das heißt ein stetig vom Volk belebtes Nationaldenkmal: Er fürchtete, sein Bau werde rasch zum reinen Tourismusziel werden, »welchem höchstens vorüberziehende Reisende ein Viertelstündchen Aufmerksamkeit« widmen würden. Abhilfe sollten regelmäßig veranstaltete Nationalfeste schaffen nach dem Vorbild griechischer Kultfeiern, zu denen einst die verschiedenen hellenischen Stämme zusammengeströmt waren. Als jeweiliger Höhepunkt schwebte Klenze die zeremonielle Überführung der jüngsten Ehrenbüsten im festlichen Zug die Treppenanlagen hinauf in die obere Tempelhalle vor – ein Fest zu Ehren immer neuer vaterländischer Helden, für das sich eine patriotisch gestimmte Bevölkerung zusammenfinden sollte. Eine solche Inszenierung der Walhalla-Landschaft, die allerdings niemals Wirklichkeit wurde, hätte die Verzahnung von historischer Landschaft als Lebensraum und sinnstiftender Denkmalsarchitektur zur Vollendung geführt.

BAUGESCHICHTE

Mit der endgültigen Bestimmung des Standorts und dem Ankauf des Geländes stand dem Beginn der Bauarbeiten nichts mehr im Wege. Schon Jahre zuvor war in den privaten Steinbrüchen des Kronprinzen am Untersberg mit der Bereitstellung des kalkulierten Baumaterials begonnen worden. Im Oktober 1825 folgte Ludwig seinem Vater als König auf dem bayerischen Thron und konnte über wesentlich großzügigere Finanzmittel verfügen als bisher. Bezahlt wurde die Walhalla allerdings nicht aus den Mitteln der seitens des Landtags genehmigungspflichtigen Zivilliste, sondern aus dem königlichen Privatvermögen, der Kabinettskasse; das neue Nationaldenkmal entstand also nicht als Staatseigentum, sondern als Wittelsbacher Eigenbesitz, über den Ludwig I. frei verfügen konnte.
Im Oktober 1830 wurde nach Vorbereitung des Geländes feierlich der Grundstein gelegt. Klenze hoffte ursprünglich, die Arbeiten in sechs Jahren abschließen zu können.

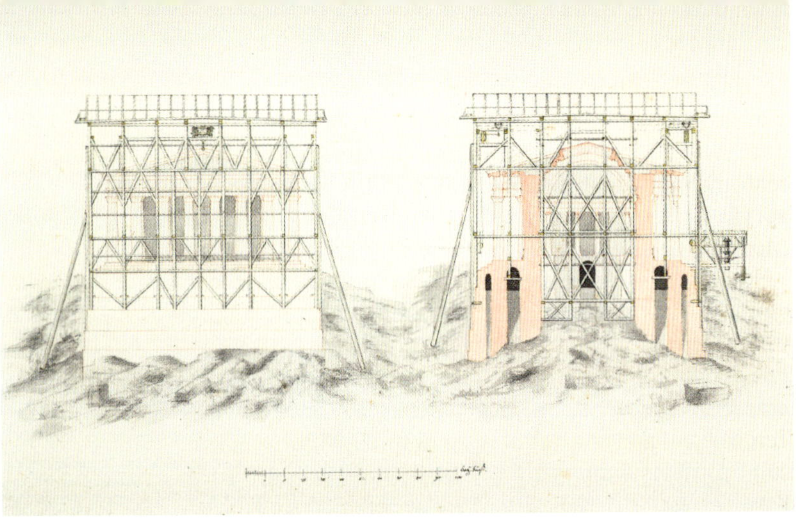

Leo von Klenze, die eingerüstete Walhalla, vor 1836

Die endgültige Bauzeit sollte schließlich zwölf Jahre betragen. Zeitweilig waren bis zu 800 Arbeiter, eingestellt vom königlichen Bauführer Estner, am Berg tätig, die in Donaustauf und den umliegenden Ortschaften für wirtschaftlichen Aufschwung sorgten. Besonders die aufwendigen Terrassierungsarbeiten für den weit über die Hangkante hinausragenden Tempelbau nahmen viel Zeit in Anspruch. Erst ab 1833 konnte mit der eigentlichen Ehrenhalle mitsamt dem umlaufenden Säulenkranz begonnen werden. Anders als es der erste Eindruck vermuten lässt, wurde der Tempel nicht aus Naturstein errichtet, sondern aus Kostenerwägungen sowie mit Blick auf das im Vergleich zur antiken Mittelmeerwelt feuchtkalte Klima in Ziegelbauweise aufgemauert. Nur die Fassaden wurden innen und außen mit teuren Hausteinen verkleidet. Ende 1835 waren die Marmorblöcke an den Außenseiten des Tempels versetzt und bereits 32 der insgesamt 52 Säulen aufgerichtet. Im folgenden Sommer kamen die Arbeiten an den Stützkonstruktionen und den Treppenanlagen zum Abschluss. Parallel fertigte Schwanthalers Werkstatt seit 1832 die Giebelskulpturen. Im Herbst 1838 wurde der der Donau zugewandte Südgiebel bestückt. Im

gleichen Jahr begannen die Arbeiten an der Bauskulptur des Innenraums, 1839 versetzte man den gewaltigen Figurenfries entlang der Wände. 1840 war der Innenraum bis auf die Marmorfußböden weitgehend fertiggestellt. In den Monaten vor der Eröffnung erfolgte schließlich die Aufstellung der Büsten und der übrigen plastischen Ausstattung.
Im Zuge der Bauarbeiten kam es nochmals zu zwei weitreichenden Planänderungen: Die erste betraf die sogenannte »Halle der Erwartung«. Dieser im Unterbau des Tempels gelegene, einer Krypta ähnliche Raum bildete seit 1820 einen zentralen Punkt in Klenzes gedanklichem Konzept. Reich dekoriert und von einem monumentalen Portal in der Frontmauer der zweiten Terrasse aus zugänglich, sollte er den Büsten lebender Zeitgenossen Platz bieten. Dort sollten sie in Erwartung ihrer künftigen Aufnahme in den Kreis der unsterblichen »Walhalla-Genossen« würdig verwahrt werden, bis man sie nach dem Tod des Geehrten im feierlichen Zug aus dem mystischen Dunkel ins Licht des Tempels überführte. Formal stellten Halle und Portal die reduzierte Version des ursprünglich von Ludwig gewünschten Torgebäudes dar. Für Klenze wurden sie zunehmend zur symbolischen Verdichtung der Denkmalsidee von Tod und Verklärung, wobei die an antike Grabbauten erinnernde Portalrahmung die Pforte der Unterwelt bezeichnete. Zudem galt ihm die auf ägyptische und etruskische Vorbilder zurückgehende Gestaltung von Tor und Gewölbe als wichtiges architekturgeschichtliches Verbindungsglied zwischen »pelasgischer« und griechischer Architektur. Aus Prestigegründen entschloss sich Ludwig I. im Sommer 1835 jedoch unerwartet, auf den Bau der Halle zu verzichten: Der Spott des österreichischen Staatskanzlers Metternich ließ ihn fürchten, eine vorgreifende Ehrung aktiver Politiker, Herrscher und Militärs in der »Halle der Erwartung« könnte als politisch motivierte Schmeichelei missverstanden werden. Einmal

Zugang zur Halle der Erwartung

mehr sah Klenze die Grundlagen seiner künstlerischen Vision durch den königlichen Auftraggeber bedroht. Da ihm aber weniger die konkrete Ehrung der Zeitgenossen am Herzen lag als die Bewahrung seiner poetischen Idee, gab er die Erwartungshalle als solche rasch preis. Im Gegenzug gelang es ihm, Ludwig in gedrechselten Worten davon zu überzeugen, das nun funktionslos gewordene Tor als wichtiges kompositorisches Element des architektonischen Gesamtbildes beizubehalten.

Ins gleiche Jahr 1835 datiert die einschneidende Planänderung hinsichtlich der Innenraumdecke. Seit den ersten Entwürfen hatte Klenze hier eine steinerne, eisenverstärkte Halbtonne mit eingetieften Kassetten vorgesehen: kein griechisches, sondern ein römisches Architekturmotiv, das über Frankreich Eingang in die Baukunst des deutschen Klassizismus gefunden hatte. Diese vom Künstler stets als ästhetisch und konstruktiv überzeugend erachtete Lösung wurde nun zugunsten eines offenen Dachstuhls aufgegeben. Anlass war die Kritik des preußischen Kronprinzen Friedrich Wilhelm (IV.), ein Schwager Ludwigs I. und von Anfang an ein aufmerksamer Beobachter des Walhalla-Projekts. Dieser verwies als Alternative auf nur wenig ältere Entwürfe, die sein eigener Hofarchitekt Karl Friedrich Schinkel kurz zuvor für die Wittelsbacher angefertigt hatte: Seit 1832 regierte Otto, der zweite Sohn Ludwigs I., als König im befreiten Griechenland. 1834 wurde Schinkel von Friedrich Wilhelm mit der Planung eines Palastes für seinen bayerischen Neffen beauftragt, der auf der Athener Akropolis errichtet werden und sich dort zwanglos in den Kontext der histori-

Karl Friedrich Schinkel, Entwurf für die Königshalle auf der Athener Akropolis, 1834

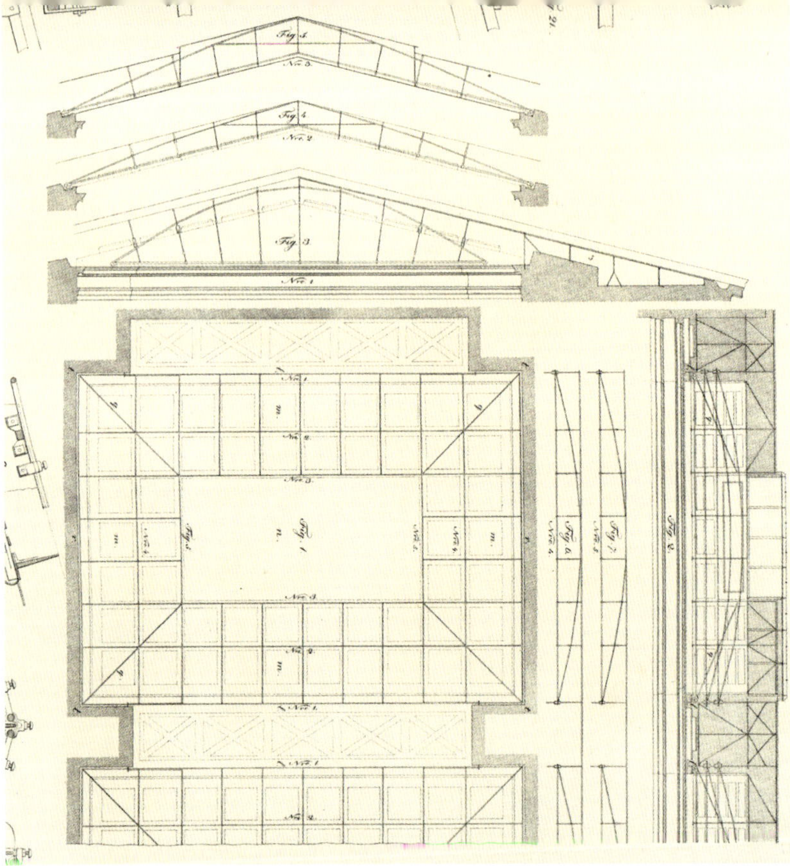

Leo von Klenze, Elemente des eisernen Dachstuhls, 1842

schen Ruinen einpassen sollte. Schinkels Entwurf für den festlich-eleganten Hauptsaal, der als effektvoll kolorierte Druckgrafik publiziert wurde, sah bereits einen offenen Dachstuhl mit reich ornamentierten Gesprengen nach dem Vorbild griechischer Tempelhallen vor.

Obwohl Klenze dies später zu verschleiern suchte, ließ er sich sehr weitgehend von der verführerischen Raumidee seines preußischen Kollegen inspirieren. Der Walhalla-Dachstuhl sollte zur eigentlichen bautechnologischen Innovation innerhalb des Gebäudes werden, denn Klenze entwarf ihn, auch hierin Schinkels Vorbild folgend, als moderne Eisenkonstruktion. Zur selben Zeit nämlich lernte Klenze 1836 auf einer Dienstreise durch England die damals fortschrittlichsten Ingenieursarchitekturen kennen, wie sie in den britischen Industriezentren, im Brücken- und Eisenbahnbau entstanden. Auch das Eisendach der Pariser Börse, das Alexandre-Théodore Brongniart 1823 errichtet hatte, konnte als technisches Vorbild dienen. Unterstützt durch Bauführer Estner, Hofbauinspektor Meyer und den Mechaniker Manhard ließ Klenze die gewaltigen Metallträger und Sparren in der Maschinenfabrik in Gmund am Tegernsee fertigen. Im vollendeten Dachstuhl ruht die vielteilige Eisenkonstruktion nach dem Vorbild zeitgleicher Hängebrücken auf beweglichen Walzen und kann so auf Winddruck sowie die temperaturbedingte Dehnung und Schrumpfung des Materials reagieren. Hingegen macht die freitragende Dachkonstruktion die reich dekorierten Senkgiebel, die den Innenraum der Walhalla überspannen, tektonisch unnötig (denn ihrer bedürfte es nur bei einer ähnlich groß dimensionierten Holzkonstruktion älterer Bauart). Dies offenbart die zwiespältige Einstellung Klenzes gegenüber der zeitgenössischen Ingenieursarchitektur: Anders als Schinkel, der in einigen der von ihm entworfenen Villen und Schlösser die stützenden Eisenarmierungen als eigenständiges ästhetisches Gestaltungselement integrierte, verbarg Klenze die modernen technischen Grundlagen seiner Baukunst mithilfe eines übergeblendeten, traditionellen Formenapparats.

1842, in Ludwigs 57. Lebensjahr, dem 18. seiner Regierung, nach einer insgesamt 35-jährigen Planungsphase und einer zwölfjährigen Bauzeit, konnte die Walhalla am Jahrestag der Leipziger Völkerschlacht von 1813, dem 18. Oktober, feierlich eingeweiht werden. Die reinen Baukosten betrugen 3 804 000 Gulden. Für die Bildhauerarbeiten im Innenraum wurden – ohne die Honorare für die beinahe hundert Ehrenbüsten – weitere 39 600 Gulden aufgewendet.

GRUNDSTEINLEGUNG (1830) UND EINWEIHUNG DER WALHALLA (1842)

»GEWEIHT SEI DIESE STÄTTE ALLEN STÄMMEN TEUTSCHER SPRACHE ...«

Am 18. Oktober 1830, dem 17. Jahrestag der Leipziger Völkerschlacht (an der allerdings keine bayerischen Truppen teilgenommen hatten), fand die feierliche Grundsteinlegung der Walhalla statt. Am Vorabend waren Ludwig I. und seine Gemahlin Therese von München kommend in Regensburg eingetroffen. Nach einem feierlichen Hochamt im Dom machte sich der König am nächsten Morgen per Schiff und Kutsche auf den Weg zur Baustelle. Dabei passierte der Zug mehrere eigens aufgeführte Triumphbögen, deren festlicher Bilderschmuck auf die jahrhundertealte Geschichte der Region Bezug nahm. Auch das dem Bräuberg benachbarte Landschloss des Fürsten von Thurn und Taxis hatte man für den feierlichen Anlass mittels einer neogotischen Scheinfassade »historisiert«. Am Ort des Geschehens war über der Baugrube ein kleiner Rundtempel errichtet worden, den die Figur der Germania bekrönte, ein Werk des Bildhauers Ernst von Bandel, der später das kolossale Hermannsdenkmal im Teutoburger Wald gestalten sollte. Rund 30 000 Zuschauer lauschten der Rede des Innenministers von Schenk und beobachteten, wie Ludwig I. Baupläne und ein Modell der Walhalla, sein eigenes Porträt, Erinnerungsstücke an die Befreiungskriege sowie einige Geschichtstaler in den Grundstein einmauerte.

Neugotische Ehrenpforte der Stadt Regensburg, 1830

Eine wesentlich kühlere Stimmung herrschte bei der Einweihungsfeier, die auf den Tag genau zwölf Jahre später 1842 stattfand, in einer Phase innenpolitischer und sozialer Krisen, die später in den Thron-

Gustav Kraus, die Einweihung der Walhalla, 1842

verzicht Ludwigs I. mündete. Die Eröffnung des für die ganze Nation bestimmten Ehrentempels gestaltete sich als exklusive fürstliche »Familienfeier«, wie der enttäuschte Klenze höhnte. Eine vom Architekten vorgeschlagene festliche Aufstellung der Goethe-Büste unter Beteiligung der Bevölkerung wurde abgelehnt, der Zutritt nur Hof und Militär gestattet. Begleitet von hochadeligen Gästen wurde Ludwig I. am Fuße der Treppe von jungen Frauen empfangen, die als Germania und die 32 deutschen Bundesstaaten kostümiert waren. Beim Eintritt in den Tempel ließ ein Männerchor das für den Anlass gedichtete Walhalla-Lied ertönen. Nach einer Stunde der Besichtigung verließen König und Hofstaat das Gebäude, um erst am Abend zur bengalischen Beleuchtung wiederzukehren. Bezeichnend scheint eine Tagebuchnotiz Ludwigs I. hierzu: Die geheimnisvoll im Dunkeln schimmernde Walhalla schien ihm »geisterhaft körperlos« – der Realität und dem Tagesgeschehen entrückt: Begonnen als Aufbruchszeichen nationaler Selbstbefreiung, hatte sich der Bau in den Augen des königlichen Stifters in drei Jahrzehnten zu einem konservativen Symbol des kulturellen, politischen und historischen Status quo gewandelt.

DAS ERÖFFNETE NATIONALDENKMAL – VON 1842 BIS IN DIE GEGENWART

»Herrlich, herrlich, Klenze, prachtvoll, grandios, klassisch und schön …«, so lautete die unmittelbare Reaktion Ludwigs I. auf den vollendeten Bau. Zusammen mit dem begeisterten Monarchen hatten sich Königin Therese, das bayerische Kronprinzenpaar und weitere fürstliche Gäste als Erste in das Besucherbuch der Walhalla eingetragen. Doch dem festlichen Auftakt folgte Ruhe: Mit der Fertigstellung schien die Walhalla als lebendige Idee für den königlichen Bauherrn und Stifter, der sechs Jahre später, im März 1848, auf den Thron verzichten sollte, ihren Abschluss gefunden zu haben. Nur noch wenige Male, so zur Aufstellung der Büsten Radetzkys 1858 und Schellings 1860, sind Besuche in seiner Lieblingsschöpfung dokumentiert.

Das historische Besucherbuch auf der Nordtribüne der Walhalla

In mehreren Zusätzen zu seinem Testament bestimmte Ludwig 1857 und 1862 näher über die Zukunft der Walhalla, die ja sein Privateigentum war, und vermachte sie Deutschland, »meinem großen Vaterlande« – repräsentiert durch den Deutschen Bund. Für den Fall einer Auflösung dieser Föderation der souveränen deutschen Staaten legte Ludwig einen Übergang an das Land Bayern fest, der dann 1869 erfolgte. Letztlich gelang es eben nicht, in dem gewaltigen Ehrenmal an der Donau einen dauerhaften Fixpunkt eines gesamtdeutschen Vaterlandsgefühls zu schaffen. Hingegen erfüllten sich Klenzes Ahnungen, die Walhalla werde sich statt zum patriotischen Wallfahrtsort zum Tourismusziel entwickeln. Schon bald nach der Eröffnung mussten Besucherordnungen erlassen werden, die zum Beispiel das Tragen von Pantoffeln vorschrieben, um die Marmorböden zu schonen. Rasch erschienen auch vielfältige Beschreibungen im Handel. Dabei gingen sowohl Klenze wie Ludwig I. mit eigenen Publikationen voran: Der auch als Dichter dilettierende König veröffentlichte 1842 unter dem Titel *Walhalla's Genossen* seine seit 1810 immer wieder überarbeiteten Kurzbiografien der geehrten Persönlichkeiten, in denen er den ebenso charakteristischen wie emotionalen Sprachduktus seines Vorbilds Johannes von Müller aufgriff. Gleichzeitig gab Klenze eine aufwendig illustrierte Erläuterungs- und Rechtfertigungsschrift *Walhalla in artistischer und technischer Beziehung* heraus.

Gottlieb Bodmer, Ludwig I. und seine Bauten, um 1835

Auch an Kritik mangelte es von Anfang an nicht, sowohl aus politischer Sicht, etwa von Österreichs mächtigem Kanzler Metternich, der die Geldverschwendung für einen »Wald abgeschnittener Köpfe« tadelte, wie aus künstlerischer Perspektive, aus der heraus zum Beispiel Heinrich Heine mit beißenden Versen Ludwig I. als Egomanen und sein Denkmal als barbarische »Schädelstätte« verspottete.

Hinsichtlich ihrer Rolle als aktives Nationaldenkmal geriet die Walhalla schon kurz nach der Eröffnung ziemlich ins Abseits. Nur sporadisch erfolgte die Aufstellung neuer Büsten. Zwischen 1868, dem Todesjahr Ludwigs I., und dem Ausbruch des Ersten Weltkriegs 1914 hielten fünf Persönlichkeiten Einzug, wobei nur die 1890 stattgefundene Aufstellung von Ludwigs eigenem Standbild sowie die Enthüllung der Büste Kaiser Wilhelms I. 1898 zu größeren Feierlichkeiten Anlass gaben.

In den illusionslosen Jahren nach 1918 hatte die Idee des Nationaldenkmals viel von ihrem einstigen Glanz verloren, galt es doch nun, das Gedenken an Millionen gefallener Soldaten in angemessenen Formen zu zelebrieren. Interessanterweise verzichteten auch die Nationalsozialisten in den 1930er-Jahren vorerst darauf, den mittlerweile fast ein Jahrhundert alten klassizistischen Klenzebau für ihre Ideologie systematisch zu instrumentalisieren. So wurde keine »Säuberung« der letztlich universal ausgerichteten Büstensammlung von missliebigen historischen Persönlichkeiten vorgenommen, die – einigermaßen kon-

sequent durchgeführt – zu tiefgreifenden Veränderungen des Baus und seiner Aussage geführt hätte. Zugleich ließen die festgesetzten Auflagen für Neuaufnahmen, vor allem die lange Sperrfrist, die Walhalla nicht recht als ein effizientes Instrument nationalsozialistischer Propaganda erscheinen, die sich mit den Ehrentempeln am Münchner Königsplatz und ähnlichen Gedenkstätten eigene ideologische Erinnerungsorte schuf. Bis 1939 wurde nur die Büste des von Hitler geschätzten Komponisten Anton Bruckner aufgestellt. Weitere Aufnahmen wurden zwar mit Blick auf das hundertjährige Jubiläum 1942 vorbereitet, mit Beginn des Krieges aber zurückgestellt.

Den Zweiten Weltkrieg selbst überstand die Walhalla dank ihres abgelegenen Standorts als eines der wenigen Baudenkmäler Ludwigs I. nahezu unbeschädigt, sodass sie sich heute, abgesehen von den neu hinzugekommenen Büsten und der um 1980 erneuerten Verglasung der Oberlichter, dem Besucher im weitgehend originalen Zustand präsentiert.

Dennoch benötigt die Walhalla stetig Schutz und Pflege: Die Ausdehnung des städtischen Raums, der Ausbau der Verkehrswege etc. verändern nachhaltig den ursprünglichen Charakter der umgebenden Landschaft, die mit dem Denkmal eine gestalterische Einheit bildet. Auch das Gebäude selbst, eine Mischkonstruktion aus Backsteinbau und Marmorverkleidung, erwies sich von Anfang an als problematisch. Schon kurz nach der Einweihung waren chronische Feuchtigkeitsschäden an Wänden und Gewölben zu konstatieren. Ausgerechnet die als Symbol unverrückbarer Festigkeit geplante Verkleidung der Terrassen mit polygonalen Steinquadern zeigte sich als höchst anfällig. Wiederholt musste Klenze einem sehr ungnädigen Ludwig I. die seinerzeit getroffenen bautechnischen Entscheidungen plausibel machen, um ihn zu bewegen, bereits 1852 anstehende hohe Reparaturkosten zu übernehmen. Auch die von Beginn an praktizierte Ableitung des vom Dach fließenden Regenwassers durch die hohlen Schäfte dreier Tempelsäulen in die Gewölbe des Unterbaus – architekturästhetisch eine überzeugende Idee – setzte den Fundamenten seit jeher zu. Die schleichenden Schäden machten zuletzt 2004/14 eine umfängliche, vom Bauamt Regensburg geleitete Generalsanierung der Walhalla notwendig, nach deren Abschluss das bedeutendste deutsche Nationaldenkmal mit seiner reichen Geschichte nun auch für die kommende Generation gesichert ist.

Sternmotiv der Kassettendecke

Baubeschreibung

Vorausgehende Doppelseite: Freitreppe und Säulenvorhalle auf der Südseite

»Einen Saal weiß ich stehen / Wie die Sonne schön / Gold bedeckt / In Gimle [Himmel] / Ihn sollen rechtschaffene Menschen bewohnen«

(Beschreibung Walhalls in der altnordischen Liedersammlung Völuspa)

DAS ÄUSSERE

Die Walhalla präsentiert sich als klassischer Ringhallentempel (»Peripteros« – griech.: »ringbeflügelt«) dorischer Ordnung mit insgesamt 52 Säulen von neun Metern Höhe (Tempelmaße: Höhe 20 Meter, Breite 31,6 Meter, Länge 66,7 Meter). Entlang der Längsseiten tragen jeweils 17 kannelierte (das heißt mehrfach gekehlte) Säulen aus Kelheimer Kalkstein das vorkragende Dach (bei Doppelzählung der jeweiligen Ecksäulen). Süd- und Nordgiebel werden von je acht, in der zweiten Reihe der Vorderfront von zusätzlichen sechs Säulen gestützt, sodass sich auf der dem Fluss zugewandten Seite eine Vorhalle (»Pronaos«) ausbildet. Als Vorbild des Äußeren diente der Parthenon aus dem 5. Jahrhundert v. Chr., der der Athena Parthenos geweihte Tempel, der nach dem Sieg über die Perser im Auftrag des Perikles durch die Architekten Iktinos und Kallikrates auf der Athener Akropolis errichtet wurde.
Abweichend von der Tradition klassischer Tempelarchitektur erhebt sich die Walhalla auf einem 35 Meter tief reichenden und weit über den südlichen Hang des Bräubergs vortretenden, fünffach gestuften Unterbau. Dieser setzt sich aufsteigend aus zwei etwa gleich hohen Podes-

Blick aus dem Unterbau nach Süden

ten und, darauf aufruhend, drei flacheren, jeweils weiter zurücktretenden Terrassen zusammen. Während der Rohbau des untersten Podests mit vieleckig behauenen Dolomitblöcken verkleidet ist, die archaische Steinmauern zitieren, besteht die Umhüllung des zweiten Podests und der Terrassen aus rechteckig geschnittenen, aber ungleich hohen Quadern aus marmorartigem Kalkstein oder Dolomit, die hakenförmig zueinander versetzt sind.
Die ganze Anlage wird über zwei frontale Treppen und zwei seitliche Doppeltreppen mit insgesamt 358 Stufen erschlossen. In einiger Höhe über dem Donauufer (Klenze hatte ursprünglich eine kostspielige, bis ans Wasser reichende Zuwegung vorgesehen) führt eine circa 14 Meter breite Freitreppe zum Fuß des untersten Sockels. An dessen Front entlang leitet eine zweifache Treppenanlage gegenläufig hinauf zu einem großen Ruhe- und Aussichtsplatz vor dem zweiten Sockelgeschoss. Von hier aus

führen zwei weitere, diesmal aufeinander zulaufende Stufenfolgen empor zur nächsten Plattform. Mittig in der Mauer des zweiten Sockels, der durch die Treppenneigung eine pyramidenförmige Front zeigt, befindet sich ein mit Flügeltür verschlossener Zugang zum Unterbau. Das leicht profilierte, pylonartige Portal (ein Motiv, das Klenze beispielsweise auch bei dem 1830 errichteten Grabmal für den Herzog von Leuchtenberg in der Münchner Michaelskirche verwendete) stellt den verbliebenen Rest der ursprünglich aufwendig geplanten »Halle der Erwartung« dar (S. 51). Heute liegt hinter dem Tor ein schmuckloser, gewölbter Raum mit seitlichen Rundbogennischen. Von hier aus steigt der interne Weg zwischen den Stützpfeilern des Unterbaus in mehreren Absätzen steil in die Höhe und endet in den seitlichen Nebenräumen der rückwärtigen Tempelhalle.

Ungestaltetes Gewölbe der Halle der Erwartung

Über dem Tor zum Unterbau, am Endpunkt der doppelten Treppenanlage, führt eine zweite Freitreppe über die drei flacheren, gestuften Terrassen, deren gemeinsame Höhe der eines Podestgeschosses entspricht, frontal auf das Eingangsportal des Tempels zu. Das Gebäude selbst ruht auf drei übereinander gestuften Plinthen (flache Gebäudesockel), auf deren oberster unmittelbar, ohne Basis (Säulensockel), die Säulen aufragen.

Die sich nach oben verjüngenden Säulen (unterer Umfang 5,3 Meter) sind aus jeweils elf Trommeln zusammengesetzt. Rückgreifend auf zeitgenössische archäologische Erkenntnisse und eigene Bauforschung an den Monumenten Großgriechenlands versah Klenze sie mit der charak-

teristischen »Entasis«, einer kaum merklichen Schwellung innerhalb des aufsteigenden Säulenschaftes. Diese kennzeichnet die klassische Tempelarchitektur und sorgt für eine rhythmisch pulsierende, scheinbar organische Vitalität der sonst starren Architekturglieder. Auf den gedrückten Kapitellen der Säulen und dem darüber horizontal verlaufenden Architrav (griech.: Hauptbalken) ruht das mehrteilige Gebälk mit seiner wechselnden Folge von Triglyphen (stilisierte Ornamentik) und Metopen (rechteckige Bildfelder). Letztere, die am Parthenon mit reichem, einst farbigem Reliefschmuck versehen waren, sind bei der Walhalla aus Kostengründen leer belassen worden. Trotzdem bewies Klenze auch bei der Gestaltung des Gebälks seine archäologischen Kenntnisse und unmittelbare Orientierung am griechischen Vorbild und zwar durch die Übernahme der sogenannten »Eckkontraktion«: Hierbei wird im klassischen Tempelbau zwischen der jeweils äußersten und den unmittelbar benachbarten Säulen der ansonsten regelmäßige Abstand leicht verringert, weil die von der Breite des Architravs abweichenden Proportionen der Triglyphen es sonst unmöglich machen würden, den Verlauf des Gebälks regelkonform mit einer Triglyphe abzuschließen (»dorischer Eckkonflikt«).
Über dem Gebälk steigen an Süd- und Nordseite die breit gelagerten Dreiecksgiebel mit ihrem reichen plastischen Schmuck auf, die auf ihren Spitzen und seitlich mit Akroteren (ornamentale Bekrönungen) besetzt sind. Sie tragen das kupfergedeckte, grün patinierte Dach, das entlang der Seitenwände, entlang des Firsts und über dem Gebälk mit Reihen verzierter Stirnziegel (»Antefixe«) geschmückt ist.

DIE GIEBELPLASTIK

Die Ideen Ludwigs I. hinsichtlich der Fassadendekoration seines Nationaldenkmals mit plastischem Schmuck waren in den ersten Jahren der Walhalla-Planungen noch vage.

Zunächst schwebte ihm in Anlehnung an Vorbilder des 17. und 18. Jahrhunderts eine Verzierung des frontalen Giebelfeldes mit figürlichen Reliefs, zeitweilig auch nur die Anbringung des Namens »WALHALLA« in erzenen Lettern über dem Eingang vor. Erst 1817 schlug Klenze die Ausschmückung beider Giebel mit vollplastischen Figuren statt mit bloßen Reliefs vor, wie er es ähnlich für die Münchner Glyptothek plante. Diese damals ungewöhnliche Idee spiegelte die erst im Zuge jüngster Ausgrabungen gewonnene Erkenntnis, dass die Griechen ihre Tempelfronten mit frei stehenden Figuren, die wie Akteure auf einer schmalen Bühne platziert wurden, geschmückt hatten. Mit dem gegen große Widerstände durchgesetzten Ankauf der »Ägineten«, den 1811 ausgegrabenen Giebelfiguren des Aphaia-Heiligtums auf der Insel Ägina (6. Jahrhundert v. Chr.), hatte Kronprinz Ludwig kurz zuvor seine Kunstsammlungen mit den damals berühmtesten Beispielen dieser antiken Bauskulptur bereichert. Für die nach Maß und Ruhe strebenden klassizistischen Bildhauer bot ein vollrunder Giebelschmuck eine reizvollere künstlerische Herausforderung, weil die beim Flachrelief auftretenden, unschönen Verkürzungen vermieden und die optische Wirkung der Bauplastik gesteigert werden konnte.

Adolf Senff, Porträt des Bildhauers Christian Daniel Rauch, 1829/30

Erste Entwürfe für die Walhalla-Giebelfelder, die »Teutschlands Befreyung im Jahre 1814« und die »Hermannsschlacht« darstellen sollten, lieferte Martin von Wagner bereits 1818, zu einem Zeitpunkt, als man über die endgültige Gestalt des Baus noch intensiv diskutierte. Für die Ausführung wurde zunächst der bedeutendste Schadow-Schüler, Christian Daniel Rauch, in Aussicht

Christian Daniel Rauch, Modell für das südliche Giebelfeld der Walhalla, 1831

genommen, den Ludwig bereits mit zahlreichen Aufträgen für Büsten und die sechs Siegesgöttinnen im Inneren der Walhalla (sowie das Münchner Bronzedenkmal für seinen Vater Max I. Joseph) bedacht hatte. Im Zuge der Arbeiten an diesem Großprojekt sollte zugleich auch eine neue Generation künftiger Münchner Bildhauer ausgebildet werden. Allerdings versuchte sich der viel beschäftigte Rauch, damals bereits der favorisierte Bildhauer des preußischen Hofes, aus dem Auftrag des als schwierig bekannten Bayernkönigs herauszuwinden. Letztendlich lieferte er 1831 nur ein kleines Modell für den Figurenschmuck des Südgiebels, der dann ab 1832 als Grundlage für die freie Ausarbeitung durch die vielköpfige Münchner Werkstatt Ludwig Schwanthalers diente. Versehen mit einem königlichen Stipendium reiste Schwanthaler nach Rom, um mit den Zeugnissen der antiken Skulptur vor Augen die Gipsmodelle zu entwerfen. Nach seiner Rückkehr konzipierte er ab 1835 den Nordgiebel. Zwischen 1835 und 1838 übertrug Schwanthalers Werkstatt die 15 bis zu drei Meter hohen Figurenmodelle des Südgiebels in Marmor, die im Oktober 1838 an ihrem Platz aufgestellt wurden. 1837 bis 1841 folgten die Skulpturen des Nordgiebels, die bis Juni 1842 positioniert wurden.

Der Giebel über der südlichen Eingangsfront zeigt die Errichtung des Deutschen Bundes nach dem siegreichen Ende der Befreiungskriege. Im Zentrum thront Germania mit nun friedvoll gesenktem Schwert. Ihr führen die Verkörperungen der Bundesstaaten, teilweise erkennbar durch ihre heraldische Helmzier, die wiedergewonnenen

Südgiebel: Die Errichtung des Deutschen Bundes

Landesfestungen zu. Von rechts tritt Österreich, begleitet von der Festung Mainz, heran. Ihnen folgt Bayern mit Landau, dahinter fordert Württemberg die kleineren Bundesstaaten auf, mitzutun. Von links nähert sich Preußen mit Köln, begleitet von Hannover mit Luxemburg, hinter ihnen sitzen Hessen und Sachsen. In den Giebelecken lagern die von ihren Fesseln befreiten Grenzflüsse Rhein (links) und Mosel (rechts). Gegenüber den ersten Entwurfsplänen ist in der finalen Umsetzung das ursprünglich stärker ausgeprägte revanchistische Moment zurückgenommen, so ist etwa Germanias Thron nicht, wie zunächst vorgesehen, auf zerbrochenen französischen Waffen errichtet.

Der Nordgiebel zeigt den Sieg der von Hermann/Arminius, dem Fürsten der Cherusker, geführten Germanen über die römischen Legionen im Teutoburger Wald (9 n. Chr.). Im Zentrum des Giebelfeldes überblickt Arminius, in heroischer Nacktheit, mit ruhigem Blick das Kampfgeschehen. Angefeuert von einer Seherin und einem Barden stürmen links von ihm die Krieger der verbündeten Germanenstämme gegen die sich rechterhand wehrenden Römer heran. Hinter diesen stürzt sich der geschlagene Feldherr Varus verzweifelt in sein Schwert. In der linken Ecke bemüht sich Thusnelda, die Gattin des Arminius, um ihren sterbenden Vater Segestes, rechts versinkt ein

Nordgiebel: Die Hermannsschlacht

flüchtender Legionär im Sumpf. Schon im 16. Jahrhundert war diese von Tacitus und Cassius Dio überlieferte Schlacht vereinzelt, im Zuge der Befreiungskriege dann vielfach als Urbild des deutschen Befreiungskampfes gegen Fremdherrschaft gefeiert worden, wobei die Gleichsetzung des antiken römischen Imperiums mit den jüngst geschlagenen Truppen des modernen Empire Napoleons für die Zeitgenossen Ludwigs I. eindeutig war.

DER INNENRAUM

Durch ein fast sieben Meter hohes Portal, dessen Eichenholzflügel außen mit Erz beschlagen, innen mit Einlegearbeiten aus Ahornholz verkleidet sind, betritt der Besucher den prächtigen Innenraum. Nach dem schlichten Marmorweiß der Tempelfassaden dominiert zunächst der überwältigende Eindruck farbiger Pracht. Dieser kalkulierte Überraschungseffekt wird hervorgerufen durch die Vielfalt der verwendeten kostbaren Baumaterialien und den Reichtum an plastischem Schmuck, welcher den dabei keineswegs überladenen, sondern sehr weitläufigen Raum gliedert. Durch drei große Öffnungen im Dach, die ursprünglich mit Spiegelglas belegt waren, fällt Tageslicht in den Saal und sorgt für eine gleichmäßige Beleuchtung. Die unteren Wandflächen wurden mit bräunlich-roten

Riffkalkplatten aus dem Salzburger Land verkleidet. Die über dem Fries aufsteigenden Wände sind hingegen mit rötlichem Marmor aus Bayreuther Steinbrüchen belegt. Darauf sind in doppelter Reihe Schrifttafeln mit den Namen geehrter Persönlichkeiten angebracht, von denen keine authentischen Bilder überliefert sind. Der rötliche Marmor bietet den davor gereihten, sehr hellen Büsten und Tafeln einen wirkungsvollen Hintergrund, der durch die Assoziation mit herrschaftlichem Purpur und dem edlen Porphyr antiker Kaiserpaläste zugleich als Ehrenformel fungiert. Das umlaufende Gebälk, welches den Fries trägt, sowie die weißlichen Basen und Kapitelle der Wandpfeiler und Pilaster sind aus Marmorblöcken aus Carrara und Schlanders gefertigt (das obere Wandabschlussgebälk hingegen aus Gipsstuck). Mit Rot und Weiß kontrastiert wirkungsvoll das zwischen den Pfeilern verlaufende Postament, das der untersten Reihe der Büsten Platz bietet. Es besteht aus dunkelgelbem Marmor aus dem benachbarten Weltenburg. Das farbige Muster des Fußbodens wiederum ist aus Tiroler und Tegernseer Marmorsorten zusammengesetzt. Seine Ornamentik spiegelt die Gliederung von Wand- und Deckenbereichen in drei gleichförmige Kompartimente. Ältere Pläne, ein Mosaik mit der Hermannsschlacht oder eine Landkarte Bayerns einzulegen, wurden rasch fallen gelassen. Stattdessen sind nun in drei großen Schriftfeldern für den vorwärtsschreitenden Besucher die Kerndaten der Baugeschichte am Boden verewigt:

Namenstafel an der Westwand

»BESCHLOSSEN IM JANUAR MDCCCVII«,
»BEGONNEN XVIII OCT: MDCCCXXX«,
»VOLLENDET XVIII OCT: MDCCCXLII«.

Einlegearbeit des Bodens

In der Deckenzone steigert sich der Glanz der Farben und wird ergänzt durch den Schimmer edler Metalle. Bereits die weiblichen Figuren, welche die vergoldeten Senkgiebel des offenen Dachstuhls stützen, sind im Gegensatz zu dem unter ihnen verlaufenden Fries und der Versammlung der marmorweißen Büsten polychrom gefasst. Die reich gegliederten Dachflächen, deren Blechverkleidungen das gusseiserne Tragwerk ummanteln, sind mitsamt den aufgesetzten kleinen Rosetten und Pinienzapfen gleichfalls vergoldet. Ihre großen, eingetieften Kassetten leuchten in intensivem Blau und sind jeweils mit einem großen stilisierten Stern in Gold und Platin verziert.

Zwei Paare eingestellter Wandpfeiler mit vorgelegten Pilastern gliedern den Hauptraum in drei gleich große Abschnitte. Die dadurch erzeugte Rhythmisierung der immensen Wandflächen erachtete Klenze als grundlegend, um so die befürchtete Monotonie der sonst auf einen Blick überschaubaren Anzahl gleichförmig aufgereihter Büsten aufzubrechen. Dem gleichem Zweck dient die zusätzliche, entlang der Wände aufgestellte Bauplastik.

Über den in den Raum vortretenden Wandpfeilern bildet sich in der Höhe entlang der Innenwand ein schmaler Laufgang aus. Er weitet sich zwischen den paarweise gruppierten Frauenfiguren, die die Dachbinder tragen, zu tribünenartigen Logen, welche bei feierlichen Zusammenkünften in der Walhalla Zuschauern Platz bieten konnten.
Schon zu einem frühen Zeitpunkt wurde deutlich, dass ein rekonstruierender Nachbau der nicht erhaltenen Cella (Hauptraum, Heiliger Bezirk) des Parthenons der Aufgabe der Walhalla als Gruppendenkmal nicht würde gerecht werden können: Die Innenarchitektur der längsorientierten Tempelbauten der klassischen Epoche war letztlich auf die monumentale Statue der Gottheit hin ausgerichtet, doch widersprach eine solche Konzeption grundsätzlich der Idee der geplanten Ehrenhalle als Versammlungsort der im Tode gleichrangigen »Walhalla-Genossen«. Entsprechend wurden anfängliche Projekte, eine Art Kultbild in die Innengestaltung einzubeziehen, etwa eine Personifikation der Germania, um die herum die Büsten hätten angeordnet werden sollen, aufgegeben (erst in Schwanthalers Bavaria vor der Münchner Ruhmeshalle erfolgte eine vergleichbare Umsetzung). Stattdessen propagierte Klenze spätestens nach dem Scheitern seiner Pläne für einen Rundbau die freie Gestaltung des Tempelinneren. Gemäß der mythologischen Beschreibung Walhallas als Festhalle der nordischen Götter entwarf er einen himmlischen Thronsaal unter einem schimmernden Sternenhimmel. Diese künstlerische Eigenständigkeit reklamierte er mit Nachdruck als seine originäre kreative Leistung, galt sie ihm doch als Argument gegenüber Kritikern, die die Walhalla als bloße Parthenon-Kopie abtun wollten.
Tatsächlich entsprechen die Abmessungen des Innenraums mit einer Länge von knapp 50 Metern und einer Höhe von circa 15,5 Metern weitgehend denen des Athener Vorbilds. Doch präsentiert sich Klenzes Halle nicht

als antike Tempelcella, sondern orientiert sich mit den gliedernden Vorsprüngen und den seitlichen Tribünen viel unmittelbarer an jüngeren Kultbauten, nämlich dem Typus der neuzeitlichen Wandpfeilerkirche mit Emporen und eingezogenem – also von außen nicht erkennbarem – Chor, wie er in der Renaissance entwickelt wurde (Leon Battista Alberti). Den Chorbereich vertritt in der Walhalla ein an den Hauptsaal anschließender kleiner Nebenraum, der durch zwei ionische Säulen von der Halle abgetrennt ist. Diesen letztlich funktionslosen Bereich (auf der darüberliegenden Tribüne wurde das Besucherbuch der Walhalla ausgelegt), bezeichnete Klenze als das »Opisthodom« (griech.: »hinterer Raum«, eigentlich die offene Rückhalle des Tempels, Gegenstück zum vorderseitigen Pronaos), in dem im antiken Tempel oft die ungenutzten Kultgeräte verwahrt wurden.In der Walhalla öffnet sich in der Rückwand des abschließenden Opisthodoms, die dem Eingangsportal gegenüberliegt, ein großes (verschließbares) Fenster mit Blick auf das baumbestandene Plateau, das sich hinter dem Tempel erstreckt. So wird erneut ein Bezug zwischen Denkmal und umgebender Landschaft hergestellt, aber auch die lebendige Natur als Manifestation und Sinnbild des Göttlichen in den Denkmalsraum eingebunden. Entsprechend ist die stirnseitig über den Säulen des Opisthodoms angebrachte Abteilung des umlaufenden Figurenfrieses der Ausbreitung des Christentums unter den Germanen gewidmet. Diese inhaltlichen Bezüge sind heute durch die 1890 erfolgte Aufstellung der Statue Ludwigs I. verschoben: Die thronende Skulptur nimmt nun tatsächlich die zuvor absichtsvoll leer belassene Position der antiken Kultbilder ein und spricht dem 1868 verstorbenen Bauherrn im Zentrum seiner Schöpfung göttliche Ehren zu.

Nächste Doppelseite: Gesamtansicht des Innenraums Richtung Norden

THEODORICH
DER GROSSE
+ DXXVI
ENGELBERT
+ MCCXXVI

G.MARTIN WIELAND
DICHTER

SKULPTUR IM INNENRAUM

Neben der den Gesamteindruck dominierenden Versammlung der heute weit über 120 Büsten birgt die Walhalla zahlreiche weitere plastische Kunstwerke, deren Verteilung hilft, den gewaltigen Raum zu gliedern, und die seine Bestimmung näher erläutern.

Christian Daniel Rauch, Kranz werfende Siegesgöttin

Die dreifach gestaffelte Abfolge der Bildnisköpfe wird zusätzlich rhythmisiert durch die sechs eindrucksvollen geflügelten Viktorien, antike Siegesgöttinnen, die Christian Daniel Rauch ab 1831 bis 1842 aus Cararra-Marmor schuf. Die abwechslungsreich gestalteten, lebensgroßen Figuren, für welche eigenhändige Ausführung durch den Künstler vereinbart wurde, verkörpern durch Haltung und Gestik verschiedene Formen und Zustände des Sieges (von links vorne umlaufend bis rechts vorne: mutiger, rasch erfochtener Sieg; im heftigen Kampf erzwungener Sieg; in Ruhe erworbener Sieg; durch Opfer erkaufter Sieg; durch Kriegsglück zufallender Sieg; selbstsicher errungener Sieg). Eine Zweitversion der sitzenden, Kränze werfenden Viktoria (linke Wand, Mitte) stand früher im Berliner Stadtschloss (heute: Berlin, Alte Nationalgalerie). Entlang der Wände sind zwölf antikisierende Marmorsessel aufgereiht, die der Bildhauer Ernst Mayer nach Klenzes Entwürfen schuf, sowie acht Kandelaber von circa 2,5 Metern Höhe. Ihr gemeißelter Reliefschmuck nimmt Bezug auf das Leuchtfeuer der Künste und Wissenschaften, deren Personifikationen auf den Seiten dargestellt sind.

Die Göttinnen des Sieges, Kandelaber und Throne verweisen allgemein auf die Rolle der Walhalla als himmlischer Heldensaal, in dem sich die unsterblichen Heroen auf den für sie

Ernst Mayer, Marmorsessel

bereiteten Sitzen versammeln. Letztlich wird auch auf die Thronhalle des Weltenrichters mit seinen sieben Leuchtern und der Versammlung der Heiligen angespielt, wie er in der biblischen Offenbarung des Johannes geschildert wird.

Relief mit singenden Skalden

Spezieller auf die germanische Mythologie bezieht sich hingegen der wandfeste plastische Schmuck der Dachzone: Die Fronten der sechs seitlichen Emporen schmücken Friesfelder, auf denen jeweils ein Paar Skalden (nordische Sänger), die eine zwischen ihnen aufgepflanzte Rüstung flankieren, den Lobpreis der Helden anstimmen. Die antikischen Akanthusranken, in denen sie lagern, sind mit Eichenlaub vermischt. Entlang des Dachgebälks ziehen sich goldene Ehrenkränze hin.

Über den Sängerreliefs stehen die insgesamt 14 vollplastischen, zu Paaren geordneten weiblichen Trägerfiguren (»Karyatiden«), die mittels eines verborgenen Eisenkerns die Senkgiebel des Dachstuhls stützen. Ludwig Schwanthaler schuf nach Klenzes Entwurf die Gipsmodelle für die circa 2,8 Meter hohen Figuren, die seine Schüler in Marmor ausführten. Formale Vorbilder für diese lebendig gewordenen Säulen, die eine Analogie menschlicher und architektonischer Idealproportionen sichtbar machen sollen, boten Klenze die berühmten »Koren« (griech.: Mädchen) am Erechtheion-Heiligtum auf der Athener Akropolis und die Tempelfiguren von Eleusis. In der Walhalla werden sie allerdings zu Walküren umgedeutet, den göttlichen Kriegerjungfrauen der germa-

Ludwig Schwanthaler, Walküre

nischen Sagenwelt, die unter den Gefallenen auf dem Schlachtfeld (der »Walstatt«) die würdigen Helden auswählen (»küren«) und nach Walhall geleiten. Schwanthaler machte diese Umbenennung sichtbar, indem er seine klassisch auftretenden Figuren mit germanisierenden Attributen versah: Kränze aus Eichenlaub und gerafftes Bärenfell – eine Bildsprache, derer er sich später auch beim Entwurf der kolossalen Bavaria für die Münchner Ruhmeshalle bediente. Auf antikes Erbe verweist die zarte Farbigkeit und die stellenweise Vergoldung der Walküren. Sie greifen die damals neuen Erkenntnisse zur ursprünglichen Polychromie der klassischen Skulptur auf, die für die klassizistische Ästhetik nur schwer zu akzeptieren waren. Durchaus progressiv spielen daher das warme Inkarnat und die vergoldeten Überwürfe der Walküren auf die verlorenen, aber aus antiken Schriftquellen bekannten Götterbilder an, die die griechischen Bildhauer aus Elfenbein und Gold geschaffen hatten (Chryselephantin-Technik).

Den vier Senkgiebeln, die, 14 Meter lang und an der Spitze über zwei Meter hoch, auf den Häuptern der Walküren ruhen, kommt die, wiewohl nicht konstruktive, doch bildhafte Aufgabe zu, das schützende Dach über Klenzes Schöpfung zu tragen. Die stützende und sichernde Funktion findet auch Ausdruck in ihrem Reliefschmuck, den der Maler Wilhelm Lindenschmit d. Ä. nach Klenzes Skizzen entwarf und der als Zinkguss von Johann Baptist Stiglmaier aus der königlichen Erzgießerei geliefert wurde. In ihm ist die kosmische Abfolge von Werden und Vergehen, wie sie in der germanischen Mythologie zum Ausdruck kommt, dargestellt.

Schöpfung: Im Zentrum erhebt sich der Eisriese Ymir, geboren aus der Begegnung von Feuer und Eis, aus dessen Leib die Götter die Erde bilden werden. Auf seinen Schultern steht das erste Menschenpaar Askr und Embla, die aus dem Holz von Esche und Ulme geschaffen wurden, die in den seitlichen Zwickeln blühen. Links droht Surtur, der chaotische Herrscher des Feuerreichs Muspelheim, rechts steigt Hel auf, die schlangengeschmückte Herrin von Niflheim, dem eisigen Land der Dunkelheit und des Todes.

Blütezeit: Im Zentrum stehen der Götterkönig Wotan und seine Gemahlin Frigg mit ihren Herrschaftsinsignien Speer und Spindel vor dem Thron der Götterburg Asgard.

Linkerhand steht Bragi, der Gott der Weisheit und Dichtung, mit seiner Frau Iduna, die die Äpfel ewiger Jugend hütet. Rechts erscheint Baldur, der gute Gott des Lebens und des Lichts, mit seinem Bruder, dem Kriegs- und Schutzgott Thor, der mit dem Kampfhammer Mjöllnir ein römisches Feldzeichen zertrümmert. In den Zwickeln wachen Wotans Raben Hugin (»Gedanke«) und Munin (»Erinnerung«).

Zerstörung: Im Mittelfeld wässern die Nornen, die drei Schicksalsschwestern, die riesige Weltesche Yggdrasil, deren Zweige und Wurzeln die ganze Schöpfung bergen. In den Zwickeln kauert zweifach das goldene Eichhörn-

Giebelschmuck mit Gestalten der nordischen Mythologie (Entwurf: Wilhelm Lindenschmit) chen Ratatoskr, das in Yggdrasils Geäst haust. Bedroht wird der kosmische Baum links durch den grausamen Fenriswolf, rechts durch die riesenhafte Midgardschlange, die sich auf dem Meeresgrund um die kreisrund gedachte Menschenwelt windet. Am Tag des Ragnarök, der Götterdämmerung, werden die Ungeheuer losbrechen und im tödlichen Kampf mit den Kräften des Guten die alte Welt zerstören, aus deren Trümmern aber eine neue Schöpfung hervorgeht.

DER FRIES

Der Gedanke, die Walhalla mit einem den ganzen Raum umgreifenden Bauschmuck in Form eines umziehenden Relieffrieses zu versehen, wird relativ früh in den Planungen greifbar. Wichtige Vorbilder boten der 160 Meter lange Figurenfries des Parthenons, der die »Panathenäen«, die Festprozession zu Ehren der Stadtgöttin Athene, zeigt, aber auch – zeitlich näher – der Fries mit dem Triumphzug Alexanders des Großen, den Bertel Thorvaldsen, der ungekrönte König der in Rom lebenden klassizistischen Bildhauer, 1812 im Quirinal geschaffen hatte (ein Abguss dieses Hauptwerks des dänischen Künstlers schmückte ab 1822 das Münchner Palais von Ludwigs Schwager, des Herzogs von Leuchtenberg – Reste heute in der Münchner Residenz).

Martin von Wagner, Schilderhebung eines germanischen Heerführers (Ausschnitt aus dem Walhalla-Fries)

Bereits 1820 legte Klenze dem Kronprinzen – damals noch für die Attika seines projektierten Rundbaus – einen Fries mit Darstellungen aus der

deutschen Geschichte nahe und schlug (strategisch klug) vor, mit Entwurf und Ausführung Ludwigs Kunstberater Martin von Wagner zu beauftragen. Zwischen 1823 und 1837 schuf der in Rom lebende Wagner dort die originalgroßen Tonmodelle für die acht Hauptabteilungen des Frieses. Die Übertragung in Carrara-Marmor erfolgte wie allgemein üblich mittels des sogenannten Punktierverfahrens durch mehrere Bildhauer ab 1826. Da Ludwig eine Anfertigung von »Walhalla's herrlichste[r] Zierde« durch deutsche Künstler wünschte, wurden Rudolf Freitag und Wilhelm Baudisch aus Breslau sowie der Hamburger Otto Sigismund Runge (ein Sohn des berühmten Malers) beschäftigt. Den Hauptanteil bewältigte der Dresdener Ferdinand Pettrich, nach dessen Ausscheiden 1835 Peter Schöpf die achte Abteilung meißelte. Im März 1837 waren alle Platten vollendet und konnten den kostspieligen Transport nach Bayern antreten.
Der bis 1839 an den Wänden von Klenzes Tempelhalle zusammengesetzte Fries war seinerzeit eines der umfänglichsten zusammenhängenden bildhauerischen Werke der Neuzeit. Dargestellt ist die Geschichte der germanischen Einwanderung ins Gebiet des späteren Deutschland und die dortige Sesshaftwerdung. In diesen Teilen illustriert der Fries nicht zuletzt Klenzes kulturhistorische Theorie, die die Grundlage seiner architektonischen Konzeption für die Walhalla bildete (S. 37). Der Beschreibung des politischen, religiösen und kulturellen Lebens der Germanen schließen sich Schilderungen ihrer Kämpfe gegen die römischen Invasoren und die folgende Okkupation römischer Gebiete durch Goten und Vandalen in der Spätantike an. Ihren Abschluss findet die Bilderzählung mit der zentral positionierten Darstellung der Christianisierung, die in den Augen der Zeitgenossen die germanische Frühzeit beendete und mit dem christlichen Mittelalter die Vorgeschichte der eigenen Gegenwart einläutete.

1

2

3

4

Über dem Eingang beginnend und dann auf der linken Seite fortlaufend:

1 Mit dem Aufstieg der Göttin der Morgenröte aus dem Meer beginnt auch der Morgen der Frühgeschichte: Vorbei am personifizierten Kaukasus ziehen die Germanen entlang der Donau (»Ister«) Richtung Westen in ihre neue Heimat. Sie überqueren den Fluss und nehmen im Kampf gegen die wilden Tiere die jenseitigen Urwälder in Besitz. 2 Unter der heiligen Eiche erklärt ein Priester das Geheimnis der Mistelpflanze und lehrt die Runenzeichen. Daneben lauscht das Volk den Gesängen der Skalden, während eine Seherin das Pferdeopfer darbringt. Gerahmt werden diese Darstellungen von kriegerischen Szenen: der Bemalung eines Schildes und dem Waffentanz der Jünglinge.

3 Eine Volksversammlung der germanischen Stämme erwählt ihren Heerführer, den »Herzog«: Dieser, der die Gesichtszüge König Ludwigs I. trägt, wird feierlich auf den Schild gehoben. Mit den aus dem Osten herankommenden Phöniziern und Griechen wird Handel getrieben.

4 Die Fruchtbarkeit und die Reichtümer Italiens locken germanische Stämme über die Alpen auf römisches Gebiet. Unter ihrem Anführer Teutobod besiegen sie 113 v. Chr. bei Noreia die Truppen des Konsuls Gnaeus Papirius Carbo.

5

6

7

8

Vom Eingang rechts:

5 Der im römischen Militär ausgebildete Bataver Gaius Julius Civilis führt 69 n. Chr. den germanischen Freiheitskampf gegen die Römer an: Die aufständischen Bataver zerstören die römische Rheinflotte und vernichten Legionärslager. Gefangene und Siegeszeichen werden ehrfurchtsvoll der Seherin Veleda überbracht.

6 Die germanischen Terwingen, die auf dem Rückzug vor den andrängenden Hunnen ins Imperium einwanderten, erheben sich gegen die römische Herrschaft. Unter ihrem Anführer Fritigern besiegen sie vor Adrianopel 378 n. Chr. das Heer des oströmischen Kaisers Valens. Die Bewohner der eroberten Stadt flüchten aus ihren brennenden Häusern.

7 410 n. Chr. erobert der westgotische Heerkönig Alarich Rom, damals Hauptstadt des weströmischen Imperi-

ums, und zieht im Triumph ein. Vor dem Standbild der nunmehr machtlosen römischen Wölfin übergeben Senatoren kniend die Herrschaftsinsignien, während auf einer Waage vor den Siegern Lösegeld aufgehäuft wird.

Gegenüber dem Eingang:
8 Aus der historischen Chronologie herausgelöst erscheint als ideeller Endpunkt der germanischen Frühgeschichte die zentral dargestellte Verkündigung des Christentums durch Bonifatius. Der »Apostel der Deutschen« fällt die heilige Eiche des Donar/Thor und spendet die Taufe. Seinem Evangelium lauscht auch ein Heerführer zu Pferde, während zwei weitere heidnische Häuptlinge sich noch abwenden. Ein anderer Missionar predigt vor einer Jagdgesellschaft, in der Wagner die Porträts einiger seiner Bildhauerkollegen verewigt hat.

BEDA D·V· ABT U·GESCHICHT SCHREIBER ✝ DCCXXXV
WILLIBROD D·HEIL·BISCHOF VON UTRECHT ✝ DCCXXXIX
KARL D·HAMMER HERZOG FUERST D·FRANKEN ✝ DCCXLI
BONIFACIUS D·HEILIGE ERZ-BISCHOF V·MAYNZ ✝ DCCLV
WOLFRAM V·ESCHENBACH MINNESAENGER ✝ VOR MCCLI
DER BAU-MEISTER DES COELNER DOMES
A·V·THURN GRUENDER D·RHEIN-STAEDTEBUNDES ✝ MCCLXIV
ALBERTUS MAGNUS BISCHOF UND GELEHRTER ✝ MCCLXXX
BEGONNEN XVIII OCT. MDCCCXXX

Die Büsten

Mittlerer Abschnitt der Ostwand

»Das beste Monument des Menschen aber ist der Mensch. Eine gute Büste in Marmor ist mehr wert als alles Architektonische, was man jemanden zu Ehren und Andenken aufstellen kann.«

(Goethe über Denkmale, Miszelle aus den »Propyläen«)

Die ersten Büsten (die später nicht alle in die Walhalla aufgenommen wurden) gab Ludwig spontan, unter dem Eindruck seines Atelierbesuchs bei Schadow, bereits 1807 bei diesem sowie bei seinen Schülern Christian Daniel Rauch, Christian Friedrich Tieck und Ludwig Wilhelm Wichmann in Auftrag. Diese frühe, allein getroffene Auswahl – die Militärs Friedrich II. der Große und Ferdinand von Braunschweig, die Philosophen Leibniz und Kant, Kopernikus, der Schauspieler Iffland, die Dichter Wieland, Kotzebue, Klopstock und Stolberg-Stolberg sowie der Historiker Johannes von Müller – spiegelt noch unmittelbar persönliche Vorlieben des bayerischen Kronprinzen. Ab 1808 legte dann Müller in Ludwigs Auftrag Arbeitslisten mit historischen Persönlichkeiten an, die in dem künftigen Nationaldenkmal Aufnahme finden sollten und von denen später auch mehr als die Hälfte berücksichtigt wurden. Mit solchen »Heldenverzeichnissen« reihte Müller sich in eine längere Tradition ein: Schon die antiken Vitensammlungen sowie die in ihrer Nachfolge stehenden mittelalterlichen und frühneuzeitlichen Zusammenstellungen von »uomini famosi« konnten als schriftliche Ehrenmonumente gelten. Spezieller noch hatten jüngere Sammelwerke wie Charles Perraults *Hommes illustres, qui ont paru en France pendant ce siècle* (1697) oder Joseph von Hormayrs *Österreichischer Plutarch* (ab 1807) den historischen Ausnahmegestalten einzelner Länder – über Standesgrenzen hinweg – ein rühmliches Andenken gesichert. Letztlich steht auch die früh geplante Biografiensammlung *Walhalla's Genossen*, die zunächst Müller schreiben sollte, die aber schließlich ab 1810 Ludwig I. selbst verfasste und die 1842 erstmals erschien, in dieser Tradition literarischer Denkmäler.

Angesichts der zeitgenössischen Verfasstheit Deutschlands als Vielzahl von Einzelstaaten hieß es für Ludwig und Müller, zunächst einen Begriff von Nation aufzustellen, der für die »Walhalla-Genossen« gelten sollte. Als bestimmend legten sie die Reichweite der deutschen Sprache fest als das allgemein verbindende, charakteristische und kulturell prägende Element eines Volkes, denn, so Ludwig: »Alle die teutsch reden, glaube ich, sind für Teutsche zu halten – nicht in politischer Hinsicht.« Hier tauchen Ideen auf, die durch Kulturhistoriker wie Johann Gottfried Herder und Schriftsteller wie Ernst Moritz Arndt vorbereitet worden waren. Der Bezug auf die gemeinsame Sprachfamilie ermöglichte nicht nur die Einbeziehung von Holländern, Belgiern und Schweizern. Gleichzeitig machte es die Orientierung an der über die Tagespolitik hinausreichenden Idee der Kulturnation anstelle eines konkreten Staatsgebildes für Ludwig plausibel, für den patriotischen Gedanken eines übergreifenden Nationaldenkmals einzustehen. Denn natürlich war er, der künftige bayerische König, zu keinem Zeitpunkt daran interessiert, seine Rechte als souveräner Herrscher einzuschränken und »sein« Bayern in einem gesamtdeutschen Einheitsstaat aufgehen zu sehen.

Der Zusammenarbeit Ludwigs mit Müller, den er als »den größten Geschichtsschreiber, der je geschrieben in deutscher Sprache« verehrte, war nur kurze Dauer beschieden,

Siegesgöttin und Büsten an der Westwand

da Müller bereits 1809 starb. In der Folge forderte Ludwig verschiedene Historiker zur Ergänzung seiner Kandidatenlisten auf, darunter Joseph von Hormayr, Nikolaus Vogt, Heinrich Luden und Lorenz von Westenrieder, von dem er ein Verzeichnis berühmter Bayern verlangte (die später zum Teil in der Münchner Ruhmeshalle geehrt wurden). Grundlage der wachsenden Sammlung sollte das Prinzip der Gleichheit sein, fußend auf einer Auswahl nach Verdienst, idealerweise über Standes-, Geschlechter- und Konfessionsgrenzen hinweg. Entsprechend durfte die künftige Anordnung der Büsten auch ausdrücklich keine Wertung suggerieren, sondern musste in Reihenfolge des Todesjahres, dem Eintrittsmoment des Geehrten in den Kreis der bereits verewigten Helden, erfolgen.

Die eingereichten Listen wurden von Ludwig nicht ohne Weiteres akzeptiert, sondern immer wieder intensiv überarbeitet, hinterfragt, in Teilen verworfen und ergänzt. Auch wurden Persönlichkeiten aufgenommen, die in den überlieferten Verzeichnissen nicht auftauchen. Bei diesen Büsten – ungefähr ein Drittel der unter Ludwig I. aufgestellten 101 Bildnisköpfe – dürfte es sich um des Königs eigene Vorschläge handeln. Es fällt auf, dass sich darunter besonders viele Protagonisten der Befreiungskriege finden, wie Schwarzenberg, Scharnhorst, Gneisenau und andere.

SPÄT BERUFEN – DAS BEISPIEL MARTIN LUTHERS

Denkmäler zu Ehren Martin Luthers waren – vorwiegend natürlich in den protestantisch geprägten Regionen Deutschlands – das ganze 19. Jahrhundert hindurch ein viel diskutiertes Thema: Galt es doch in der künstlerischen Gestaltung eine Interpretation der historischen Person des Reformators sowie der kontrovers beurteilten spirituellen und politischen Auswirkungen seines Lebens zu vermitteln. Auch der junge Klenze setzte sich in einem seiner ersten publizierten Architekturprojekte 1804/05 mit einem solchen Denkmal auseinander: Er entwarf einen in einem Hain gelegenen Zentralbau, dessen Sockel ein symbolisches Gruftgewölbe birgt. Im über dem Sarkophag errichteten Kuppelraum mit schmückendem historischem Fries sollte ein kolossales Standbild Luthers als antiker Philosoph Aufstellung finden, dem als Hauptfigur eine Versammlung kleinerer Statuen von Reformatoren und Weisheitslehrern zugeordnet werden.

Ernst Friedrich Rietschel, Martin Luther, 1831

Unschwer lassen sich bereits hier grundlegende Gedanken späterer Walhalla-Projekte erkennen. Dort aber, in die Walhalla, sollte Luther, obwohl von den historischen Beratern Ludwigs I. von Beginn an als zentrale Gestalt der deutschen Geschichte ausgedeutet, erst spät Einzug halten: Ludwig I. (übrigens mit einer Protestantin verheiratet) war König eines überwiegend katholischen Landes. Dennoch war ihm die Gestalt des Wittenberger Reformators nicht so sehr aus religiösen Skrupeln suspekt, sondern aus patriotischer Sicht: Die durch Luthers Wirken erfolgte Glaubensspaltung empfand er als historischen Wendepunkt, dem eine fortdauernde politische Aufteilung und Schwächung Deutschlands folgte –

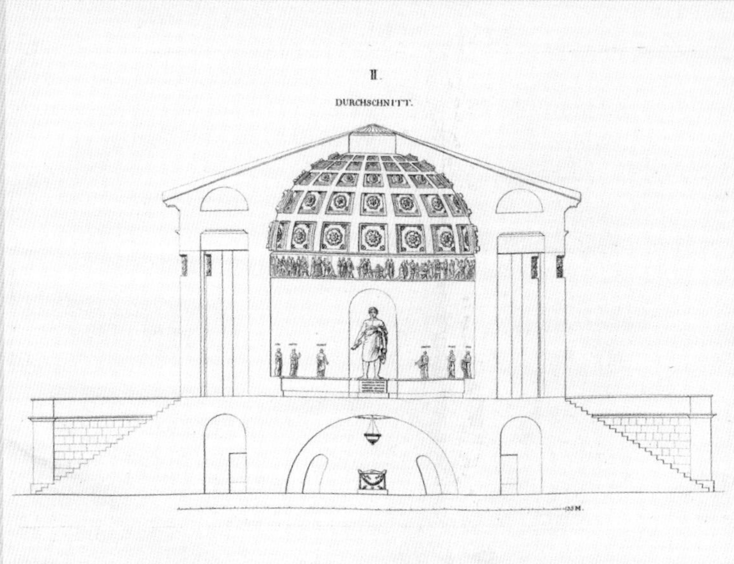

Leo von Klenze, Entwurf für ein Luther-Denkmal in der Grafschaft Mansfeld, 1804/05

Luther erschien ihm primär als Zerstörer staatlicher Einheit, weniger als Erneuerer des Glaubens. Trotzdem erteilte er Ernst Friedrich Rietschel 1831 den Auftrag für eine Büste. Damals wurde im Bayerischen Landtag die Frage nach der Aufnahme Luthers gestellt, durchaus mit Blick auf die wenige Jahrzehnte zuvor hinzugewonnenen fränkischen Landesteile, die protestantisch geprägt waren. 1833 lieferte Rietschel seine eindrucksvolle Luther-Büste ab. Doch auch die Aufstellung bestimmten Ereignisse der Tagespolitik: Bei der Eröffnung 1842 fehlte der Reformator. Dies wurde sehr wohl bemerkt, etwa von Heinrich Heine, der über den Verzicht auf Luthers »Dickkopf« spottete. Ludwig I. nahm hier wohl Rücksicht auf die »Geneigtheit des Hl. Stuhls«, mit dem der König damals über die Neubesetzung des Bistums München-Freising verhandelte und den man nicht verstimmen wollte. Erst 1847 wurde die Büste – ohne Festakt – an ihrem heutigen Platz aufgestellt.

ERSTELLUNG DER BÜSTEN

Ferdinand von Miller d. J., Statue König Ludwigs I., 1890

Mit der Gestaltung der marmornen Köpfe beauftragte der Thronfolger vor allem junge – und damit preiswerte – Künstler, die »teutscher Zunge« sein sollten. Für viele der meist noch unbekannten Bildhauer bot diese im Klassizismus wenig geschätzte Kunstaufgabe der Porträtbüste attraktive erste Verdienstmöglichkeiten und diente zudem als Empfehlung für künftige Projekte. Allerdings machte Ludwig strenge Auflagen, die die künstlerische Freiheit beträchtlich einschränkten. So galten genaue Vorgaben bezüglich des Materials (feinster Carrara-Marmor erster Qualität), der Proportionen (26,5 rheinische Zoll, etwas über Lebensgröße) und der Art der Beschriftung, die auf der in einheitlicher schlichter Hermenform gestalteten Basis einzugravieren war. Auf genrehafte Zugaben wie Kostüm, Kopfbedeckung und zeittypische Frisuren sollte verzichtet werden, um die ideale Gleichheit und Zeitlosigkeit im Kreis der unsterblichen »Walhalla-Genossen« zu verdeutlichen. Nur in Einzelfällen wich Ludwig von dieser Vorgabe ab, so bei der Bekrönung Friedrichs II. und Schwarzenbergs mit Lorbeerkränzen sowie bei der Bekleidung der weiblichen Büsten aus Schicklichkeitsgründen. Als Preis für eine Büste, der Kosten für Material und Transport einschloss, bot der sparsame Kronprinz im Durchschnitt 550 Gulden, wobei eine Arbeitszeit von ungefähr sechs Monaten angesetzt wurde.

Bei der Auswahl der Künstler verließ sich Ludwig auf Vorschläge seiner Berater Dillis und Wagner sowie auf die Empfehlungen der ihm persönlich bekannten Bildhauer, namentlich Schadow und Thorvaldsen, die die lukrativen Aufträge des Kronprinzen an ihre Schüler vermittelten. Bevorzugt wurden in Rom lebende und dort in unmittelbarer Anschauung der Antike arbeitende Künstler; aber auch Absolventen der Wiener Akademie, die Ludwig 1809 kennenlernte, erhielten Aufträge. Dennoch entfiel

LUDWIG I.
KOENIG VON BAYERN
DAS
DANKBARE VOLK.

der Löwenanteil der Walhalla-Büsten auf einen kleinen Kreis: 26 Köpfe stammten von Christian Friedrich Tieck, der alte Schadow lieferte 15, sein später weithin berühmter Meisterschüler Rauch elf Stück. Insgesamt fertigten 49 Bildhauer insgesamt 142 Büsten für Ludwig I. an, von denen allerdings nur gut zwei Drittel wirklich in Klenzes Ehrentempel aufgestellt wurden. Der königliche Auftraggeber zögerte nicht, Arbeiten, die ihn nicht überzeugten oder den Vorgaben nicht entsprachen, zurückzuweisen oder neu ausführen zu lassen. Auch wurde manche porträtierte Persönlichkeit letztendlich doch nicht als der Walhalla wahrhaft würdig erachtet und aus der finalen Auswahl ausgesondert. Diese »verworfenen« Büsten erlebten unterschiedliche Schicksale: Einige fanden Aufstellung in der Münchner Ruhmeshalle, andere gelangten in den Saal der neueren Bildhauer in der Glyptothek, einige der Künstlerköpfe bildeten eine kunstgeschichtliche Ahnengalerie in der Pinakothek.

Siegesgöttin und Büsten an der Ostwand

Die hohen Qualitätsmaßstäbe Ludwigs I., die in dieser strengen Aussonderung zutage treten, betrafen zum einen die Authentizität der Darstellung: Die Büste sollte ein wahrhaftes Porträt der historischen Persönlichkeit bieten. Die Bildhauer waren deshalb gehalten, die Zeitgenossen nach dem Leben zu modellieren und sich hinsichtlich der bereits Verstorbenen an beglaubigten historischen Bildzeugnissen auf Gemälden, Stichen, Münzen oder Grabmälern zu orientieren. Fantasieporträts wurden nicht akzeptiert. Vielmehr fertigte man in Fällen, in denen Vorlagen fehlten, was vorwiegend Personen aus der germanischen Frühzeit und dem Mittelalter betraf, gleichförmige Marmortafeln an, auf die die Namen der Geehrten in erzenen Lettern gesetzt wurden. Neben Wahrung der Ähnlichkeit bestand andererseits die künstlerische Aufgabe der Bildhauer darin, die zufälligen historischen Züge der »Walhalla-Genossen« im Sinne ihrer Rolle als unsterbliche Geisteshelden zu idealisieren und ihnen den

»bedeutenden Ausdruck einer stillen ruhigen Seelengröße« zu verleihen. Deswegen schätzte Ludwig die beeindruckenden Köpfe des älteren Schadow, die in der veristischen Tradition der französischen Porträtkunst eines Jean-Antoine Houdon stehen, weniger als die (aus heutiger Sicht) ausdrucksloseren Bildnisse seines Schülers Tieck. So erklärt sich die starke Anlehnung mancher Büsten an bekannte antike Vorbilder, etwa der Kopf der Kaiserin Maria Theresia, deren Züge zwar in vielen zeitgenössischen Gemälden überliefert sind, die aber in der Walhalla als eine Variante der majestätisch-mütterlichen Juno Ludovisi erscheint.

Doch lassen sich auch Gegenbeispiele nennen: Joseph Kirchmayer schuf eine Dürer-Büste, die sich sehr nah an dem berühmten, stark stilisierten Selbstbildnis des Malers in der Alten Pinakothek in München orientierte. Ludwig verwarf diese Büste zugunsten einer Zweitversion von Rauch, der bereits das bronzene Dürer-Denkmal in Nürnberg entworfen hatte: Auch Rauch stützte sich auf Selbstbildnisse des Künstlers, dynamisierte seine Vorlage aber zusätzlich durch eine leichte Drehung des Kopfes und einen freieren Fall der Locken und des Barts. So erhielt seine Büste einen Ausdruck größerer Lebendigkeit, der besser gefiel.

Als Ludwig I. die Walhalla im Jahre 1842 eröffnete, waren in ihrem Saal 96 Büsten aufgestellt, fast zwei Drittel des heutigen Bestandes, deren Auswahl er persönlich getroffen oder gebilligt hatte. Bis zu seinem Tod erhöhte sich die Zahl auf 101 Köpfe. Trotz der weitgespannten und egalisierenden Kriterien, die die Auswahl bestimmen sollten, spiegelt das vom bayerischen König initiierte Nationaldenkmal so nicht zuletzt ein subjektives Geschichtsbild, das sich in einer bestimmten historischen Situation ausbildete und seine zeitgenössische kulturelle Prägung bis heute offenbart: Unter den »Walhalla-Genossen« findet sich ein sehr hoher Anteil von Herrschern und militä-

Blick von der Nordempore nach Süden

rischen Anführern, denen so eine Rolle als treibende Kräfte geschichtlicher Entwicklung zugesprochen wird. Dabei standen zunächst Gestalten der jüngeren Vergangenheit im Fokus, während die gleichfalls stark vertretenen germanischen Häuptlinge und Kriegsherren erst später hinzukamen. Die ausgewählten Künstler und Schriftsteller finden sich zum Großteil in den zeitgenössischen ästhetischen Kanons der Klassizisten und Romantiker wieder. Obwohl Frauen von Ludwig ausdrücklich zur Aufnahme vorgesehen wurden, machten sich auch hier die – männlich bestimmten – Wertmaßstäbe des 19. Jahrhunderts geltend: Zu seinen Lebzeiten hielten nur neun »Walhalla-Genossinnen« (drei Büsten und sechs Gedenktafeln) Einzug in den Ehrentempel.

Die Walhalla ist so – neben vielem anderen – vor allem auch ein aussagekräftiges Denkmal ihrer Entstehungszeit und der in ihr wirkenden Auffassungen von Geschichte, Nation und Mensch. Was sie in Gegenwart und Zukunft sein kann und soll, gilt es immer wieder neu zu bestimmen.

DAS AUSWAHLVERFAHREN

Geschlossenes oder offenes Denkmal? Soll die Walhalla als eine Art historisches Museum erachtet werden, welches das Geschichtsbild des 19. Jahrhunderts illustriert, oder gemäß der ursprünglichen Intention ihres Stifters unter den sich verändernden Rahmenbedingungen der Gegenwart immer weiter ergänzt werden?
In den ersten Jahren der Nachkriegszeit wurden sporadisch Büsten in der Walhalla aufgestellt (zwischen 1945 und 1966 fünf Stück: Reger, Stifter, Eichendorff, Röntgen und Pettenkofer). 1966 beschloss der Bayerische Landtag, eine gewisse Regelmäßigkeit in der Erweiterung des ererbten Nationaldenkmals einzuführen und die Sammlung künftig in Abständen von circa fünf bis sieben Jahren zu vergrößern. Dabei werden die noch von Ludwig I. selbst vorgegebenen Kriterien nach wie vor beachtet. Dies betrifft in erster Linie die »Sperrfrist«, die zwischen dem Tod des vorgeschlagenen Kandidaten oder der Kandidatin und einer Aufstellung der Büste verstreichen soll, um die Würdigkeit der zu ehrenden Persönlichkeit aus der historischen Distanz besser beurteilen zu können. Die ursprünglich von Ludwig vorgesehenen zehn Jahre wurden, ebenfalls durch Landtagsbeschluss, schon 1912 auf 20 Jahre verlängert.
Die Initiative für die Aufstellung einer neuen Büste liegt nicht beim Staat, sondern soll von der Bevölkerung, aus dem Kreis von Privatpersonen, Interessengruppen, Heimatforschern usw. ausgehen, die auch die Kosten für die Herstellung der Büsten tragen. Die Bearbeitung obliegt dem Bayerischen Staatsministerium für Bildung und Kultus, Wissenschaft und Kunst, bei dem laufend Vorschläge eingereicht werden können. Vom Ministerium werden diese der Bayerischen Akademie der Wissenschaften zugeleitet, die Stellung nimmt, welche Vorschläge in besonderem Maße Berücksichtigung verdienen. Angesichts der Zusammensetzung der bisherigen, weitgehend aus den Wertmaßstäben des 19. Jahrhunderts erwachsenen Sammlung mit ihrem starken Gewicht auf (männlichen) Herrschergestalten und Militärs werden mittlerweile deutschsprachige Frauen und Männer aus Wissenschaft und Kunst bevorzugt sowie Persönlichkeiten, die

Wolfgang Eckert, Büste der Sophie Scholl, 2003

sich durch außergewöhnliche soziale bzw. karitative Verdienste ausgezeichnet haben.
Anhand der Empfehlung der Akademie wird eine Vorlage an die Bayerische Staatsregierung vorbereitet, auf deren Grundlage der Ministerrat mit einfacher Mehrheit entscheidet, welche Büste in der Walhalla aufgestellt werden soll.
In dem halben Jahrhundert zwischen 1966 und 2016 sind auf diesem Wege 13 weitere Bildnisköpfe in die Walhalla aufgenommen worden (darunter immer noch nur drei Frauen), sodass die Gesamtzahl der alten und neuen »Walhalla-Genossen« derzeit bei 130 Büsten liegt (sowie 64 Gedenktafeln). Unter den zuletzt aufgenommenen Persönlichkeiten sind Sophie Scholl (2003), stellvertretend für all die, welche im Widerstand gegen das nationalsozialistische Regime ihr Leben opferten, und der Dichter Heinrich Heine (2010), dessen ironischer Sprachwitz angesichts seines eigenen, späten Einzugs in die von ihm geschmähte »Schädelstätte« zweifellos gereizt worden wäre!

ENGELBERT

STANDORTE DER BÜSTEN

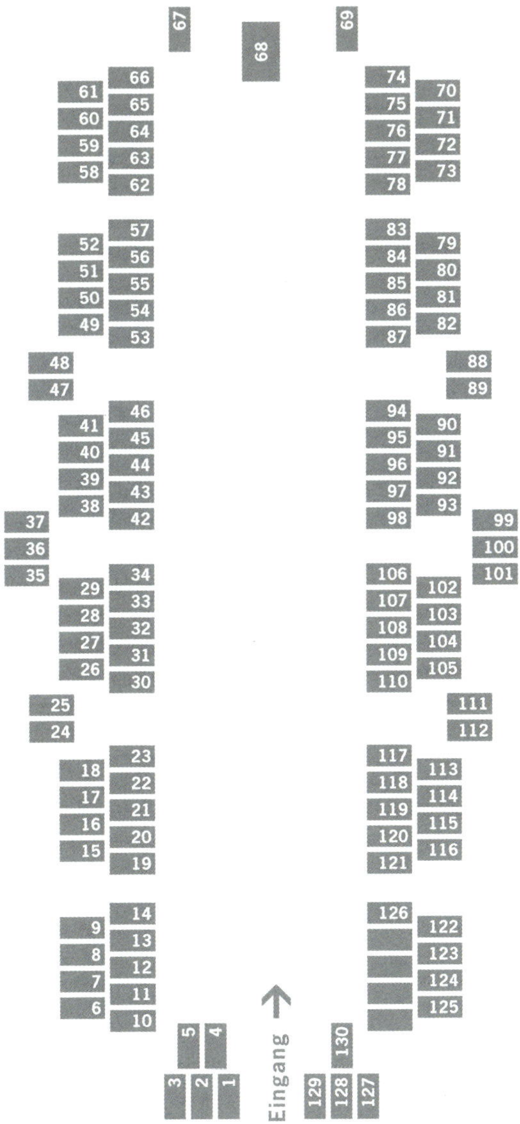

BÜSTEN (LINKS VOM EINGANG, OBEN BEGINNEND)

1. Heinrich I., gen. »der Finkler« oder »Vogler«, König seit 919, * ca. 875, † 2.7.936 in Memleben/ Unstrut

Angeblich erfuhr Heinrich auf der Vogeljagd von seiner Erwählung zum ostfränkischen König, die durch Konrad I., seinen Vorgänger und langjährigen Gegner, unterstützt wurde. Mit diplomatischem Geschick gelang es dem ersten Herrscher aus dem sächsischen Haus der Liudolfinger, seine Macht zu konsolidieren und Lothringen in seinen Herrschaftsbereich zu integrieren. Die ständige Bedrohung durch ungarische Reiterheere dämmte er durch Waffenstillstand und Verteidigungsmaßnahmen wie den Bau zahlreicher Burgen ein. 933 errang er bei Riade an der Unstrut einen entscheidenden Sieg gegen die bis dahin als unbesiegbar geltenden Ungarn. Im 19. Jahrhundert galt Heinrich I. den Befürwortern eines kleindeutschen Nationalstaats als ruhmreicher Begründer des alten deutschen Reichs. Büste von Johann Gottfried Schadow, Berlin 1809.

2. Otto I., gen. »der Große«, König seit 936, Kaiser seit 962, * 22.11.912, † 7.5.973 in Memleben

Dank der Nachfolgeregelungen seines Vaters Heinrich I. (Nr. 1) wurde Otto nach dessen Tod 936 zum König gewählt. Als Herrscher betonte er den Vorrang gegenüber den Herzögen, was zu Aufständen unter Führung seiner Verwandten führte, die Otto aber durch gütliche Einigung beilegen konnte. Der Sieg über die ungarischen Reitertruppen auf dem Augsburger Lechfeld (10.8.955), der deren Plünderungen ein Ende setzte, festigte Ottos Position. Den Bischöfen überließ er gegen Leistung des sogenannten Reichsdienstes Herrschaftsrechte und etablierte so das mittelalterliche »Reichskirchensystem«. Schwerpunkte seiner Regierung stellten die Machtausdehnung nach Osten durch die Gründung von Missionsbistümern jenseits der Elbe (Erzbistum Magdeburg 968) sowie in Italien dar (Langobardische Königskrone 951). Sie gipfelte in Ottos Romzug und der Kaiserkrönung 962. Im Historikerstreit des 19. Jahrhunderts erfuhr Ottos Ost- und Italienpolitik, die jeweils mit Blick auf die spätere Nationalstaatsbildung gewertet wurde, zwiespältige Beurteilungen. Büste von Johann Gottfried Schadow, Berlin 1809.

3. Konrad II., König seit 1024, Kaiser seit 1027, * ca. 990, † 4.6.1039 in Utrecht

Der Gründer des salischen Herrscherhauses, der dem kinderlosen liudolfingisch-ottonischen Kaiser Heinrich II. nachfolgte, entstammte einer der vornehmsten Familien des Reiches. Konrad II. gelang es, die Widerstände, die sich ihm entgegenstellten, zu überwinden und die von den Ottonen hinterlassene Machtposition zu sichern. 1033 erreichte er die bereits unter Heinrich vorbereitete Vereinigung Burgunds mit dem Reich. Seine Rechtsprechung förderte den sozialen Aufstieg der unfreien Ritter und ihre Umbildung in einen mittelalterlichen Beamtenstand von »Ministerialen«. Entsprechend trat Konrad im Konflikt der italienischen Lehensmänner (»Valvassoren«) mit ihren Herren für die Erblichkeit ihrer Lehen ein, eine in Hinblick auf die künftige soziale und politische Entwicklung bedeutsame Entscheidung. Vor allem aufgrund seiner Kirchenpolitik, die das ottonische Reichskirchensystem weiter ausbaute, galt der erste Salier in der nationalliberalen Geschichtsschreibung des 19. Jahrhunderts (Harry Breslau) als betont weltlicher und damit zukunftsorientierter Herrscher. Büste von Johann Gottfried Schadow, Berlin 1809.

4. Gotthold Ephraim Lessing, Dichter, * 22.1.1729 in Kamenz (Oberlausitz), † 15.2.1781 in Braunschweig

Lessing, einer der bedeutendsten Schriftsteller der deutschen Aufklärung und frühes Beispiel eines »freien Autors«, war lebenslang rastlos als Poet, Dramaturg, Journalist und Kritiker tätig. Den Mittelpunkt seines Schaffens bildete das Theater, das er als zentrales Medium einer nationalen Kunstäußerung auffasste. Daher war er bestrebt, die noch herrschende Orientierung an den klassizistischen französischen Stücken zu überwinden und modernen Dramenformen zum Durchbruch zu verhelfen: dem empfindsamen »bürgerlichen Trauerspiel« (*Miss Sara Sampson*, 1755; *Emilia Galotti*, 1772), der zeitkritischen und zugleich psychologisch komplexen Komödie (*Minna von Barnhelm*, 1767) und einem dem aufklärerischen Toleranzideal verpflichteten Ideendrama (*Nathan der Weise*, 1779). Auch als Kunsttheoretiker gab Lessing wichtige Anstöße: Seine Schrift *Laokoon* (1766) über die Autonomie bildender Kunst und Poesie beeinflusste nachhaltig die Entwicklung der klassizistischen Kunstanschauung. Büste von Christian Friedrich Tieck, Carrara 1813.

5. Friedrich II., gen. »der Große«, König *in* Preußen seit 1740, *von* Preußen seit 1772, *24.1.1712 in Berlin, † 17.8.1786 in Sanssouci bei Potsdam

Friedrich II. bezeichnete sich als »ersten Diener« seines Staats und wird daher oft als Repräsentant eines Aufgeklärten Absolutismus angeführt. In drei Kriegen gegen Österreich um die reiche Provinz Schlesien machte er das ressourcenarme Preußen zur europäischen Großmacht und stellte so entscheidende Weichen für den weiteren Verlauf der deutschen Geschichte. Der Preis war eine chronische Überlastung des Staats, die vor allem im Siebenjährigen Krieg (1756–1763) Preußen an den Rand des Untergangs führte. Nach dem Friedensschluss von Hubertusburg versuchte Friedrich mit einem Regierungsstil, der staatliches und privates Leben gleichermaßen durchdrang, Preußen aufzubauen und zu modernisieren. Schon die Zeitgenossen fällten über den fordernden Herrscher ambivalente Urteile. Auch in Preußen verklärten sich diese erst später zum staatstragenden Mythos des »Alten Fritz«. Ludwig I. bewunderte »Friedrich den Einzigen« von jeher. Büste von Johann Gottfried Schadow, Berlin 1807.

6. Friedrich I., gen. »Barbarossa«, König seit 1152, Kaiser seit 1155, * 1122, † 10.6.1190, ertrunken im Saleph (Kleinasien)

Die Königswahl des staufischen Herzogs Friedrich von Schwaben leitete einen Ausgleich zwischen seinem Geschlecht und den rivalisierenden Welfen ein. In der Folge konnte er seine territoriale Machtbasis ausbauen und durch die Vermählung seines Sohnes Heinrich (VI.) mit Konstanze von Sizilien Süditalien in sein Herrschaftsgebiet integrieren. Verlustreich gestalteten sich hingegen die Konflikte mit den der kaiserlichen Oberherrschaft überdrüssigen Städten Oberitaliens sowie dem Papsttum, die erst in den Friedensschlüssen von Venedig (1177) und Konstanz (1183) einen vorläufigen Abschluss fanden. Hochbetagt brach der Kaiser schließlich zum Kreuzzug auf, kam aber noch auf der Fahrt um, was die wachsende Legendenbildung um seine charismatische Person vorantrieb. Als Inbegriff von Kaiserherrlichkeit und Rittertum wurde der »Kaiser Rotbart« im 19. Jahrhundert zu einer wichtigen Symbolfigur der nationalen Einigungsbewegung. Büste von Franz Xaver Schwanthaler, München 1838.

7. Heinrich, gen. »der Löwe«, Herzog von Sachsen und Bayern, * wohl 1129/30, † 6.8.1195 in Braunschweig

Der Welfenherzog Heinrich ermöglichte 1152 die Königswahl seines staufischen Vetters Friedrich I. Barbarossa (Nr. 6). Zum Dank unterstützte dieser Heinrichs Machtausbau in Norddeutschland, wo er eine königsähnliche Position erlangte und seinen Braunschweiger Hof als wichtiges kulturelles Zentrum etablierte. 1156 belehnte ihn Friedrich zusätzlich mit dem Herzogtum Bayern. Das staufisch-welfische Bündnis zerbrach erst 1176, als Heinrich dem Kaiser seine Waffenhilfe gegen den lombardischen Städtebund versagte. In der Folge wurde der »Löwe« entmachtet und musste sich 1180 ins englische Exil zurückziehen. Für Ludwig I. war Heinrich, dessen Sturz die Übertragung der bayerischen Herzogswürde auf die Wittelsbacher nach sich zog, nicht zuletzt als Gründer der Stadt München (1158) bedeutungsvoll. Büste von Johann Gottfried Schadow, Berlin 1811.

8. Friedrich II., König von Sizilien seit 1198, römisch-deutscher König seit 1212, Kaiser seit 1220, * 26.12.1194 in Jesi (Provinz Ancona), † 13.12.1250 in Castel Fiorentino bei Lucera

Friedrich II., der heute berühmteste Staufer, musste bereits sehr jung (»Kind von Apulien«) die konfliktreiche Doppelherrschaft über sein Erbkönigreich Sizilien und das größere, aber ferne deutsche Wahlreich meistern. Um seine Position dort zu sichern, machte Friedrich weltlichen und kirchlichen Fürsten bedeutende Zugeständnisse mit nachhaltigen Folgen für künftige Machtverhältnisse im Reich. In Sizilien hingegen festigte der Staufer seine Regierung mittels zentral organisierter Bürokratie und umfänglicher Gesetzgebung. Dauerhafte Bedrohung erwuchs ihm aus den anhaltenden Auseinandersetzungen mit dem Papsttum und den oberitalienischen Stadtstaaten, die bald nach Friedrichs Tod beim schließlichen Untergang des staufischen Hauses zusammenwirkten. Zuvor jedoch bildete der kaiserliche Hof ein bedeutendes Zentrum mittelalterlichen Kultur mit engen Kontakten zur islamischen Welt. Diese Universalität faszinierte schon die Zeitgenossen und förderte die Legenden über Friedrich, das »Staunen der Welt« (»stupor mundi«). Büste von Christian Friedrich Tieck, Carrara 1814.

9. Rudolf I., römisch-deutscher König seit 1273, * wohl 1.5.1218, † 15.7.1291 in Speyer

Die Wahl des damals bereits 55-jährigen Grafen von Habsburg zum König beendete das »Interregnum«, eine Phase politischer Instabilität mit rivalisierenden Thronkandidaten. In der Folge gelang es Rudolf I., seine Machtbasis auszubauen und vor allem abgängiges Königsgut als materielle Grundlage der Krone neu für diese einzuziehen. Der Kampf gegen Ottokar von Böhmen endete 1278 mit einem Sieg und ermöglichte Rudolf, 1282 die zukunftsträchtige Herrschaft Habsburgs über Österreich zu begründen. In seinen letzten Lebensjahren bemühte der König sich verstärkt, die von seinem Vorgänger Friedrich II. (Nr. 8) propagierte Politik eines allgemeinen Landfriedens durchzusetzen. In der Überlieferung lebte der Habsburger als Idealbild des pflichtbewussten und frommen Regenten fort. Auch als Ahnherr des österreichischen Kaiserhauses, dem die Wittelsbacher im 19. Jahrhundert eng verbunden waren, war er für Ludwig I. eine wichtige Herrschergestalt. Büste von Christian Friedrich Tieck, Berlin 1832.

10. Christoph Willibald Gluck, Ritter von Gluck seit 1756, Komponist, * 2.7.1714 in Erasbach bei Neumarkt (Oberpfalz), † 15.11.1787 in Wien

Gluck, einer der wichtigsten Wegbereiter der Wiener Klassik, rückte nach frühen Erfolgen in Italien, England und am Wiener Kaiserhof ab den 1760er-Jahren eine Reform des Musiktheaters ins Zentrum seines Schaffens. Die Musikdramen, die er in Zusammenarbeit mit dem Librettisten Ranieri de Calzabigi schuf, lösten sich aus den zunehmend erstarrten Formen der französischen und italienischen Barockoper und verliehen den Emotionen der Handlungscharaktere einen neuen individuellen Ausdruck. In Werken wie *Orpheus und Eurydike* (1762) und *Alkeste* (1767) erreichte er eine bis dahin unbekannte künstlerische Entsprechung von Text und Musik. In den musikalischen Salons von Wien und Paris, wo der Komponist zwischen 1774 und 1779 wirkte, wurden seine Reformopern gleichermaßen leidenschaftlich gefeiert und befehdet. Doch gelang es Gluck mit der 1779 uraufgeführten *Iphigenie auf Tauris*, sein künstlerisches Werk endgültig durchzusetzen. Büste von Johann Heinrich von Dannecker nach Vorlage von Houdon, Stuttgart 1812.

11. Ernst Gideon, Freiherr von Laudon, kaiserlicher Feldmarschall, * 2.2.1717 in Tootzen (Livland), † 14.7.1790 in Neutitschein (Mähren)

Als fähiger Administrator und begabter Militärtaktiker stieg der aus dem Baltikum stammende Ernst Gideon Freiherr von Laudon im Siebenjährigen Krieg (1756–1763) innerhalb des österreichischen Heeres bis zum kaiserlichen Feldmarschall-Leutnant auf und errang 1759 bei Kunersdorf einen bedeutenden Sieg gegen die feindlichen preußischen Truppen. Von Kaiser Joseph II. zum Oberkommandierenden im Krieg Österreichs und Russlands gegen das Osmanische Reich (1787–1792) ernannt, gelang ihm 1789 die Rückeroberung Belgrads. Heute vielen unbekannt, galt Laudon im 19. Jahrhundert als einer der bedeutendsten Heerführer der jüngeren Vergangenheit. Von Kaiser Franz Joseph I. wurde er 1863 in die offizielle Reihe der »berühmtesten, zur immerwährenden Nacheiferung würdiger Kriegsfürsten und Feldherren Österreichs« aufgenommen. Büste von Leopold Kiesling, Wien 1813.

12. Wolfgang Amadeus Mozart, Komponist, * 27.1.1756 in Salzburg, † 5.12.1791 in Wien

Bereits in Mozarts früher Jugend wurde seine außergewöhnliche musikalische Begabung durch den Vater Leopold erkannt und entschlossen gefördert. Ab 1763 führten internationale Konzertreisen das »Salzburger Wunderkind« in die Hauptstädte Europas. Dabei kam er in Kontakt mit führenden Komponisten seiner Zeit und lernte verschiedene musikalische Stile kennen – Anregungen, die Mozart in seinen späteren Werken genial verarbeitete. Nachdem er eine Laufbahn in höfischem Dienst ausgeschlagen hatte, lebte er ab 1781 als freischaffender Komponist populär und zeitweise erfolgreich, aber in finanziell meist ungesicherten Verhältnissen in seinem geliebten »Clavierland«, dem musikbegeisterten Wien. Mozarts umfangreiches musikalisches Œuvre, das neben allen Sparten der Instrumentalmusik Singspiele und zahlreiche Opern umfasst, darunter viele Standardwerke des heutigen Repertoires wie *Figaros Hochzeit* (1786), *Don Giovanni* (1787), *Così fan tutte* (1790), *Die Zauberflöte* (1791), bildet den Höhepunkt der Wiener Klassik. Bis heute zählt sein Werk zum Bedeutendsten im Kanon der europäischen Musikgeschichte. Büste von Ludwig von Schwanthaler, München 1846.

13. Ferdinand, Herzog von Braunschweig-Lüneburg, preußischer Generalfeldmarschall, * 12.1.1721 in Wolfenbüttel, † 3.7.1792 in Braunschweig

Ab 1740 diente der junge Herzog Ferdinand von Braunschweig-Lüneburg in der preußischen Armee Friedrichs II. (Nr. 5) und verteidigte im Siebenjährigen Krieg (1756–1763) erfolgreich das Kurfürstentum Hannover, das Stammland des mit Preußen verbündeten englischen Königs Georg II., der zur gleichen Zeit mit Frankreich einen Kolonialkrieg in Amerika ausfocht. Der von Ferdinand errungene Sieg bei Minden (1.8.1759) half, die militärischen Erfolge Englands in Nordamerika zu sichern und die jüngsten Niederlagen der preußischen Armeen strategisch auszugleichen. Trotz solcher Verdienste kam es jedoch kurz nach dem Hubertusburger Frieden zu einem dauerhaften Zerwürfnis zwischen Ferdinand und Friedrich II., dessen Ursache wohl in dem über die Sonderinteressen des preußischen Staats hinausgehenden, allgemeineren Patriotismus des Herzogs lag. Büste von Johann Gottfried Schadow, Berlin 1808.

14. Justus Möser, Staatsmann, Historiker, Schriftsteller, * 14.12.1720 in Osnabrück, † 8.1.1794 in Osnabrück

Möser wirkte zeitlebens in den engen Grenzen seiner Heimat, dem westfälischen Fürstbistum Osnabrück. Hier war er zunächst als Sekretär der Landstände tätig. 1747 wurde er in Anerkennung seines festen Auftretens gegenüber dem selbstherrlichen fürstbischöflichen Statthalter zum Rechtsvertreter des Gemeinwesens (»Advocatus patriae«) ernannt. Ab 1763 vertrat Möser dann als faktischer Regent den dauerhaft am englischen Hof weilenden Landesherrn. Als Historiker forschte er bereits früh auf den Gebieten von Wirtschafts- und Sozialgeschichte. Möser gilt als Vertreter einer »konservativen Aufklärung« (Bausinger). Als solcher propagierte er in seinen Schriften ein Ideal freier, am staatlichen Leben mitwirkender Bürger und Bauern, deren Selbstverwaltung er jedoch weiterhin in der traditionellen Ständegesellschaft verankert sehen wollte. Die Nationalbewegung des 19. Jahrhunderts verehrte in Möser vor allem den Autor der *Patriotischen Phantasien* (1774–1786) und feierte ihn als »Vater der Volkskunde«. Büste von Eduard Schmidt von der Launitz, Rom 1821.

15. Erwin von Steinbach, Baumeister, * um 1244, † 17.1.1318 in Straßburg

Der als historische Persönlichkeit nur in wenigen Schriftzeugnissen fassbare Baumeister an der Straßburger Münsterbauhütte gilt heute allgemein als der innovative Gestalter der ab 1277 errichteten hochgotischen Westfassade, die sich durch eine neuartige, zur Höhe strebende Flächengliederung von höchster Transparenz auszeichnet. In der Folge wurde der Straßburger Einfluss über das Elsass hinaus in Schwaben, am Mittelrhein und bis nach Regensburg und die dortige Dombaustelle wirksam. Das 19. Jahrhundert kannte und verehrte den mittelalterlichen Meister vor allem dank einer kleinen Schrift des jungen Goethe (Nr. 56), dem Aufsatz *Von deutscher Baukunst* (1773). Die im leidenschaftlichen Ton des »Sturm und Drang« verfasste Schrift stellt einen frühen Ansatz zur Neuentdeckung der lange Zeit verachteten gotischen Architektur dar und feiert Erwin von Steinbach als Prototyp des schöpferischen Künstlergenies. Büste von Landolin Ohmacht, Straßburg 1811.

16. Johannes Gutenberg (eigentlich Henne Gensfleisch zur Laden), Erfinder der Buchdruckerkunst, * um 1394/99 in Mainz, † 3.2.1468 in Mainz

Nur wenige gesicherte Fakten geben Aufschluss über das Leben einer der bedeutendsten Erfinderpersönlichkeiten der europäischen Geschichte. Lange Wanderjahre führten den Mainzer Patriziersohn Gutenberg von seiner Heimatstadt in den Straßburger Raum. Erst in reiferen Jahren trat er 1450 mit einer neuartigen Produktion von Druckschriften an die Öffentlichkeit. Veröffentlichungen wie die zwischen 1452 und 1454 aufgelegte 42-zeilige lateinische Bibel, das Hauptwerk der Gutenberg-Werkstatt, offenbarten eindrucksvoll die praktischen und ästhetischen Möglichkeiten des neuen Verfahrens. Gutenbergs Verbesserung älterer Reproduktionsverfahren mit seriell, aber separat gefertigten beweglichen Lettern und einer von ihm erfundenen Presse zählt zu den einflussreichsten technischen Innovationen. Sie leitete eine weltweite Medienrevolution ein, die die Formen der Bewahrung und Weitergabe von Information, Wissen und Literatur für immer verändern sollte. Büste von Wilhelm Matthiae, Rom 1835.

17. Jan van Eyck, niederländischer Maler,
* um 1390 in Maaseyck, † 9.7.1441 in Brügge

Als Hofmaler der burgundischen Herzöge erfreute sich Jan van Eyck schon zu Lebzeiten hoher Wertschätzung und weitreichenden Ruhms. Noch heute gilt der flämische Künstler als der bedeutendste Vertreter der altniederländischen Malerei. In der Nachfolge Vasaris schrieben ihm Kunstjünger des 19. Jahrhunderts die zukunftsweisende Erfindung der Ölmalerei zu und verehrten in dem schöpferischen Maler zugleich den genialen Erfinder. In Werken wie der »Arnolfini-Hochzeit« (1434) oder dem »Genter Altar« (vollendet wohl um 1435) spürte van Eyck fasziniert mit seinem Pinsel der stofflichen Wirklichkeit der dinglichen Welt nach. Sein detailverliebter Naturalismus überhöht den Bildgegenstand und verleiht ihm einen bis dahin unbekannten ästhetischen Eigenwert. So steht sein Schaffen gleichberechtigt und autonom neben dem zeitgleichen Streben italienischer Renaissancemaler, die die antike Kunst schöpferisch zu erneuern suchten. Büste von Christian Friedrich Tieck, Carrara und Berlin 1817–1842.

18. Friedrich I., gen. »der Siegreiche«, Kurfürst von der Pfalz, * 1.8.1425 in Heidelberg, † 12.12.1476 in Heidelberg

Mit Zustimmung der pfälzischen Notabeln übernahm der Wittelsbacher Friedrich 1452 auf Lebenszeit die Regentschaft für seinen noch unmündigen Neffen Philipp. In der Folge gelang es dem klug und nüchtern agierenden neuen Fürsten, eine über die Kurpfalz hinausreichende Vormachtstellung zwischen Elsass und Kölner Raum zu erringen. Die Innenpolitik gestaltete er mithilfe fähiger Beamter und Juristen, ausgebildet an der von Friedrich reformierten Heidelberger Università. Ein nachhaltiger Gegner erwuchs dem Pfälzer in Kaiser Friedrich III., seinem nominellen Lehnsherrn, der Friedrichs Regierungsübernahme unter Umgehung der festgeschriebenen Vormundschaftsbestimmungen ablehnte. Der anhaltende Konflikt prägte über Jahrzehnte die Reichspolitik und erwies sich als grundsätzlich und zukunftsweisend, denn in dieser Auseinandersetzung trat die faktische Staatsräson der Landesfürsten den zunehmend theoretischen Herrschaftsrechten des Kaisers als gleichwertig entgegen. Büste von Arnold Hermann Lossow, München 1842.

19. Gottfried August Bürger, Dichter, * 31.12.1747 in Molmerswende, † 8.6.1794 in Göttingen

Als literarischer Vertreter des »Sturm und Drang« stellte Bürger in seinem unruhigen Dasein eine modern anmutende Einheit zwischen Werk und Leben her. Bekanntheit erlangte er vor allem durch seine Liebeslyrik und Balladen, die Bürger meist in dem 1770 gegründeten, seit 1778 von ihm geleiteten »Göttinger Musenalmanach« veröffentlichte. Auch seine Bearbeitung der gesammelten Abenteuer des Freiherrn von Münchhausen wurde rasch populär. Trotz Kritik wie etwa der Schillers, der Bürgers mangelnde Moral scharf tadelte, schätzte man den Autor im 19. Jahrhundert als beliebten »Volksdichter«, der in Werken wie der berühmten Ballade *Lenore* (1774) unter dem Eindruck der Schriften Herders (Nr. 23) das poetische Ideal der »Volkstümlichkeit« zu verwirklichen suchte. In seiner Münchner Residenz ließ Ludwig I. ein Zimmer mit Darstellungen aus Bürgers Werken ausmalen. Büste von Christian Friedrich Tieck, Carrara 1817.

20. Katharina II., gen. »die Große«, Zarin seit 1762, * 2.5.1729 in Stettin, † 17.11.1796 in Zarskoje Selo bei Sankt Petersburg

Auf Anregung Friedrichs des Großen (Nr. 5) wurde die junge Katharina, geborene Prinzessin von Anhalt-Zerbst, 1745 mit dem russischen Thronfolger Peter (III.) vermählt. Nach einem Staatsstreich gegen ihren Gemahl übernahm sie 1762 für drei Jahrzehnte die Alleinherrschaft über das russische Reich. Während ihre zunächst im Geiste des aufgeklärten Absolutismus betriebene Reformpolitik letztlich scheiterte, agierte die Zarin sowohl im Hinblick auf die eigene Machtkonsolidierung wie auf die internationale Erweiterung des russischen Einflusses in weiten Teilen erfolgreich, wenn auch skrupellos. Mehrere Kriegszüge sowie die von ihr mit verantwortete Teilung Polens vergrößerten ihr Herrschaftsgebiet beträchtlich. Als »Semiramis des Nordens« berühmt und berüchtigt, faszinierte die Frau, die autokratisch ein Weltreich regierte, bereits ihre Zeitgenossen. Geistvoll und gebildet, dabei jederzeit auf ihre Außenwirkung bedacht, stand Katharina schon früh in viel beachtetem Kontakt mit den führenden Literaten und Intellektuellen Europas. Auch wusste sie sich als Kunstmäzenin und Sammlerin zu profilieren. Büste von August Wredow, Rom 1831.

21. Friedrich Gottlieb Klopstock, Dichter,
* 2.7.1724 in Quedlinburg, † 14.3.1803 in Hamburg

Klopstock, der wichtigste Vertreter der Literatur der »Empfindsamkeit« und Wegbereiter des »Sturm und Drang«, wandte sich zunächst der Theologie zu. Vor diesem Hintergrund entstanden bereits in jungen Jahren die ersten Teile seines religiösen Epos *Messias*, deren Veröffentlichung 1748 großes Aufsehen erregte. In diesem Hauptwerk sowie in seinen Oden und Elegien erschloss Klopstock durch eine weitreichende Subjektivierung der Sprache der Literatur neue formale und emotionale Möglichkeiten. Wortneuschöpfungen und syntaktische Freiheit ermöglichten eine neue Ausdrucksvielfalt für die deutsche Sprache. Leidenschaftlich begrüßte er die Französische Revolution als »edelste Tat des Jahrhunderts«, wandte sich aber angesichts der folgenden Jakobinerherrschaft entsetzt ab. Ludwig I. konnte in Klopstock nicht zuletzt einen frühen Verfechter des Nationalstaatsgedankens bewundern, der in seinen *Hermann*-Dramen (ab 1769) auch patriotische Stoffe bearbeitete. Büste von Johann Gottfried Schadow, Berlin 1808.

22. Johann Jakob Wilhelm Heinse, Dichter,
* 15.2.1746 in Langewiesen bei Ilmenau,
† 22.6.1803 in Aschaffenburg

Nach Anfängen im Geist der Rokoko-Dichtung entwickelte sich Heinse zum wichtigten Vorläufer der literarischen Romantik. Rasche Bekanntheit erlangte er durch seine Beschreibungen ausgewählter Gemälde der berühmten Düsseldorfer Galerie (1776/77). Darin wandte er sich gegen das von Winckelmann (Nr. 124) geprägte Kunstideal »edle Einfalt und stille Größe« und etablierte anhand der Malerei von Peter Paul Rubens (Nr. 80) den Kult des schöpferischen Genies und der subjektiven Künstlernatur. Eine ähnlich anti-klassizistische Haltung prägt Heinses Hauptwerk, den Künstlerroman *Ardinghello* (1787/94), der die Renaissance als eine der Antike gleichwertige Kulturepoche darstellt, in deren Zentrum das freie Individuum steht. Heinses Werk bereitet so schon die künftigen Schriften Jacob Burckhardts und seiner Schüler. vor. Die letzten Jahre verbrachte Heinse in Aschaffenburg, wo sich ab 1816 auch der bayerische Kronprinz Ludwig oftmals aufhalten sollte. Büste von Johann Nepomuk Haller; vollendet von Ernst Mayer, München 1826.

23. Johann Gottfried Herder, Schriftsteller, Philosoph, Kunst- und Literaturtheoretiker, * 25.8.1744 in Mohrungen (Ostpreußen), † 18.12.1803 in Weimar

Zusammen mit Wieland (Nr. 34), Goethe (Nr. 56) und Schiller (Nr. 31) zählt Herder zum berühmten Viergestirn der Weimarer Klassik. Beginnend mit seiner *Abhandlung über den Ursprung der Sprache* (1772) wirkte er wegweisend für die künftige Literaturwissenschaft. Als einer der Ersten propagierte er die Sammlung und Erschließung von Volksliedern, der nordischen Mythologie und der mittelalterlichen Literatur. In seinen *Ideen zur Philosophie der Geschichte der Menschheit* (1784–1791) entwickelte er ausgehend von einer Analogie von Natur- und Menschheitsgeschichte eine konservative Kulturtheorie, mit der er zum Mitbegründer des Historismus wurde. Über seine allgemeine Wirkung auf das Bildungsbürgertum des 19. Jahrhunderts hinaus beeinflussten Herders Schriften vor allem die Philosophen des Deutschen Idealismus. Büste von Christian Friedrich Tieck, Carrara 1815.

24. Johannes Müller, gen. »Regiomontan(us)«, Astronom, Mathematiker, * 6.6.1436 in Königsberg (Franken), † 6.7.1476 in Rom

Der Schüler des in Wien lehrenden Astronomen Georg von Peuerbach kam früh mit humanistischen Strömungen in Berührung. Aufmerksamkeit erregte er zunächst mit seiner Übersetzung des *Almagest*, ein hellenistisches Astronomie-Traktat des Ptolemäus, mit der er sowohl als Humanist wie als Himmelsforscher hervortrat. Mit seinem mathematischen Werk *De triangulis omnimodis libri quinque* begründete Regiomontan die moderne Trigonometrie, die Abhandlung *Ephemerides* (1474) über die Gestirnspositionen bot der Schifffahrt ein künftig unverzichtbares Hilfsmittel, dessen sich auch wenig später Kolumbus bediente. Seine Mitarbeit an der von Papst Sixtus IV. in Auftrag gegebenen Kalenderreform brach der Tod ab. Mit seinen innovativen Arbeiten legte Regiomontan wichtige Grundlagen für die folgenden Forschungen von Kopernikus (Nr. 52) und Kepler (Nr. 72). Er wirkte so schon früh an der Entstehung unseres modernen Weltbildes mit. Büste von Arnold Hermann Lossow, München 1842.

25. Nikolaus von der Flüe (Bruder Klaus), schweizerischer Laienmystiker, * 1417 in Flüeli bei Sachseln (Kanton Obwalden, Schweiz), † 21.3.1487 in Flüeli bei Sachseln

Als 50-Jähriger entschloss sich der angesehene Ratsherr aus dem schweizerischen Obwalden zu einem Leben als Einsiedler und Asket, dessen Mittelpunkt fortan die visionäre Vertiefung in das Leiden Christi bildete. Seinem bäuerlichen Umfeld diente er fortan als Seelsorger. Die moralische Autorität des bald verehrten »Bruder Klaus« ließ ihn rasch zum geistlichen Berater der Mächtigen seiner Zeit werden. Seinem Einfluss wurde die Einigung von Stans (1481) zugeschrieben, die den Konflikt zwischen Schweizer Stadt- und Landorten, an dem die Eidgenossenschaft zu zerbrechen drohte, beilegte und die Grundlage einer künftigen Bundesverfassung schuf. 1947 erfolgte die Kanonisierung des bereits 1669 seliggesprochenen Eremiten, der als Schutzpatron der Schweiz verehrt wird. Büste von Christian Friedrich Tieck, Carrara 1812.

26. Eberhard im Bart, Graf von Württemberg, Herzog seit 1495, * 11.12.1445 in Urach, † 24.2.1496 in Tübingen

Mit zäher Energie erreichte Eberhard die Wiedervereinigung der durch Erbgänge geteilten württembergischen Gebiete (Münsinger Vertrag von 1482), die Führung innerhalb des 1488 begründeten Schwäbischen Bundes und seine Erhebung zum Herzog (1495). »... dass während der angelobten Wallfahrt zum heiligen Grabe er, wider den damaligen Brauch den Bart wachsen gelassen und behielt, gab den Beinamen«, dichtete Ludwig I. in seiner Schrift *Walhalla's Genossen* über Eberhards Pilgerfahrt im Jahr 1468. Dem hierin symbolisch ausgedrückten Übergang von früheren Ausschweifungen zu einem religiösen Lebenswandel folgten engagierte Klosterreformen, zahlreiche Stiftungen sowie die Begründung der Tübinger Universität – Maßnahmen, in denen Kirchen- und Landespolitik eng miteinander verbunden wurden. Im 19. Jahrhundert pries man den ersten Herzog des geeinten Württemberg vor allem als geliebten Landesvater, der dem Volksmund nach sein Haupt unbesorgt »jedem Untertan in den Schoß« legen durfte. Büste von Theodor Wagner, Stuttgart 1830.

27. Hans Memling, Maler, * um 1435 in Seligenstadt/Main, † 11.8.1494 in Brügge

Entscheidende künstlerische Anregungen erfuhr Memling durch die Kölner Malerschule um Stefan Lochner. Die Nähe zum Werk Rogiers van der Weyden lässt zudem vermuten, dass er Lehrjahre in der Werkstatt dieses bedeutenden, international tätigen Vertreters der frühen niederländischen Malerei verbrachte. Kurz nach Rogiers Tod ließ Memling sich in der reichen Handelsstadt Brügge nieder, wo er bald zum führenden Maler aufstieg. In den religiösen Gemälden und repräsentativen Bildnissen, mit denen er Patriziat und Klerus belieferte, setzte er das künstlerische Erbe Rogiers und Jans van Eyck (Nr. 17) fort und belebte es mit dem lebensnahen und weltzugewandten Geist, der seinen Stil kennzeichnet. Memlings detailverliebte Darstellungen waren geeignet, den idealisierenden Blick des 19. Jahrhunderts auf das Spätmittelalter zu bestätigen. Ludwig I. kannte den Künstler nicht zuletzt aus Werken in der königlichen Gemäldesammlung. Büste von Franz Woltreck, Rom 1841.

28. Johann von Dalberg, Bischof von Worms, Kanzler der Universität Heidelberg, * 14.8.1455 in Oppenheim, † 27.7.1503 in Heidelberg

Nach dem Studium der Philosophie und der Rechte in Erfurt und Pavia wurde Dalberg, Sohn des pfälzischen Hofmarschalls, zunächst Dompropst und stieg in der Folge 1482 zum Bischof von Worms auf. Zuvor schon übertrug der Wittelsbacher Kurfürst Philipp von der Pfalz Johann von Dalberg 1480 die Leitung der von ihm geförderten Universität seiner Residenz Heidelberg und ernannte ihn wenig später zum kurpfälzischen Kanzler. In Italien hatte sich Dalberg zum aufgeschlossenen Humanisten gebildet, der die ihm anvertraute Hochschule zu hoher Blüte führte. Er stand im regelmäßigen Austausch mit den führenden Gelehrten seiner Zeit, besonders mit Rudolf Agricola, den er 1484 nach Heidelberg zu ziehen vermochte. Auch an Gründung und Aufbau der reichen kurpfälzischen Bibliothek, der berühmten »Palatina«, wirkte Dalberg mit. In seiner Schrift *Walhalla's Genossen* von 1842 pries Ludwig I. Dalberg als »Wiederhersteller teutscher Wissenschaft und Kunst, aller Trefflichen seiner Zeit Freund und Förderer und Schutz«. Büstenmodell von Johann von Halbig; Ausführung von Arnold Hermann Lossow, München nach 1867.

29. Hans von Hallwyl, schweizerischer Söldnerführer, * um 1433, † 19.3.1504

Seinen Ruhm verdankt der schweizerische Ritter und Söldnerführer, der im Dienst des Habsburger Herzogs Albrecht von Österreich stand, in erster Linie seinem kämpferischen Einsatz in der Schlacht von Murten (22.6.1476): Durch einen Überraschungsangriff auf das feindliche Lager sicherte er dem Heer der Berner Eidgenossen den Sieg über Herzog Karl den Kühnen sowie eine beachtliche Kriegsbeute. Diese Entscheidungsschlacht der sogenannten Burgunderkriege leitete den Untergang des mächtigen burgundischen Staates ein, dessen Gebiet in der Folge in die habsburgische Einflusssphäre überging. Den siegreichen Eidgenossen bescherte ihr Erfolg einen langwährenden Ruf als europäische Militärmacht, deren Männer sich über Jahrhunderte hinweg international als gesuchte Söldner verdingten. Büste von Joseph Anton Maria Christen, München 1812.

30. Immanuel Kant, Philosoph,
* 22.4.1724 in Königsberg (Preußen),
† 12.2.1804 in Königsberg (Preußen)

Kant, der die längste Zeit seines Lebens am Rande des damaligen Deutschlands im preußischen Königsberg lebte und arbeitete, zählt zu den bedeutendsten und wirkungsmächtigsten europäischen Philosophen. Bereits seine programmatische Forderung »Sapere aude!« – »Wage, dich deines Verstands zu bedienen!« – stellte ihn an die Spitze der deutschen Aufklärung. Kants Schriften übten frühen und nachhaltigen Einfluss auf die Behandlung ethischer, ästhetischer, religions- und geschichtsphilosophischer Fragestellungen aus. Seine Anfänge wurzeln zunächst in der rationalistischen Denkschule, wie sie von Gottfried Wilhelm Leibniz (Nr. 113) und Christian Wolff geprägt wurde. Zu seinen Hauptwerken zählen die ab den 1770er-Jahren entstandenen großen *Kritiken* mit der einführenden *Kritik der reinen Vernunft* (1781), die einen Wendepunkt und den Beginn der modernen Philosophie markiert. Hier entwickelte Kant seine Erkenntnistheorie, die das Fundament seiner wissenschaftlichen Metaphysik bildete. Die *Kritik* ist damit nicht zuletzt eine Auseinandersetzung mit älteren philosophischen Hauptströmungen, dem rationalistischen bzw. dem empiristischen Denkansatz. Büste von Johann Gottfried Schadow, Berlin 1808.

31. Johann Christoph Friedrich Schiller, seit 1802 von Schiller, Dichter, Historiker, Philosoph, * 10.11.1759 in Marbach/Neckar, † 9.5.1805 in Weimar

Schillers erste, bereits viel beachtete Auftritte als Dramatiker waren vom Geist des »Sturm und Drang« geprägt, sie verliehen vor allem dem Freiheitswunsch des Individuums gegenüber der Despotie Ausdruck. Die späteren großen Ideendramen thematisieren menschliche Grundfragen wie den Erhalt der inneren Freiheit gegenüber äußerem Zwang (*Maria Stuart*, 1801) und schildern den tragischen Untergang des großen Individuums (*Wallenstein*-Trilogie, 1796/99). Der »teutsche Shakespeare« wurde auch als Balladendichter tätig und ging als Historiker und als Essayist geschichtsphilosophischen Problemstellungen nach. In den ästhetischen Schriften erörterte er das Verhältnis von Gesellschaft und Kunst. Im 19. Jahrhundert wurde er zusammen mit Goethe (Nr. 56) als »Doppelgestirn« der Weimarer Klassik gefeiert und zum Vordenker der ersehnten nationalen Einheit umgedeutet. Büste von Johann Heinrich von Dannecker, Stuttgart 1794/1810.

32. Franz Joseph Haydn, Komponist, * 31.3. oder 1.4.1732 in Rohrau bei Bruck/Leitha, † 31.5.1809 in Wien

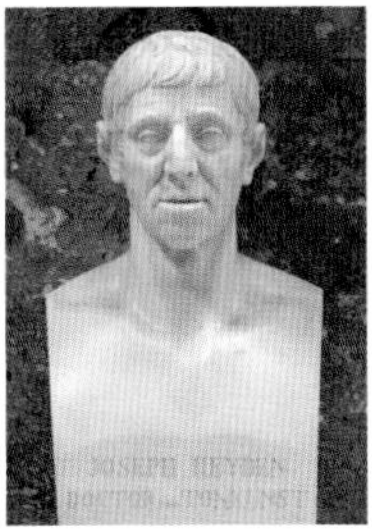

Während eines langen, schöpferischen Lebens prägte Franz Joseph Haydn die musikalische Entwicklung der Wiener Klassik in entscheidender Weise mit. Er gilt als wichtigster Gestalter der klassischen Sinfonie und des Streichquartetts und bereicherte die traditionelle Sonatenform mit seinen musikalischen Innovationen. Lange Jahre verbrachte Haydn im Dienst der Adelsfamilie Esterházy auf deren ungarischen Gütern weitab vom kulturellen Zentrum Wien, eine Isolierung, aus der er seiner Auffassung nach jedoch gerade seine musikalische Originalität zog. Dennoch stand er in Kontakt mit seinen jüngeren Kollegen Mozart (Nr. 12) und Beethoven (Nr. 65) und erfreute sich noch im Alter auf Konzertreisen vor allem in England großer Popularität. Zu Haydns späten Hauptwerken zählen seine Oratorien *Die Schöpfung* und *Die Jahreszeiten*, deren Uraufführungen 1798 und 1801 Marksteine in der Geschichte der klassischen Musik bilden. Büste von August Robatz, Wien 1810.

33. Johannes von Müller (eigentlich Müller von Sylvelden) Reichsadel 1791, schweizerischer Historiker, * 3.1.1752 in Schaffhausen, † 29.5.1809 in Kassel

Bekanntheit erlangte Müller vor allem durch sein fünfbändiges Werk *Geschichten schweizerischer Eidgenossenschaft*. Auch das wegweisende Projekt einer textkritischen Edition der deutschen Geschichtsquellen, der *Monumenta Germaniae Historica* (1819), geht auf seine Anregung zurück. Müllers Geschichtsbild, das seit den 1780er-Jahren zunehmend das Mittelalter mit dem religiös fundierten Ideal des alten Kaiserreichs ins Zentrum rückte, prägte die historische Auffassung der Frühromantiker. Als sprachgewaltiger Exponent einer dezidiert patriotischen Nationalgeschichtsschreibung beeinflusste er die ihm nachfolgende Generation deutschsprachiger Historiker. Während ihm das spätere 19. Jahrhundert seine Unterstützung der napoleonischen Rheinbundpolitik verübelte, beeindruckte Müller 1807 nachhaltig den bayerischen Kronprinzen Ludwig, der ihn zum maßgeblichen Mitarbeiter an seinem Walhalla-Projekt erkor. Büste von Johann Gottfried Schadow, Berlin 1808.

34. Christoph Martin Wieland, Dichter, * 5.9.1733 in Oberholzheim bei Biberach, † 20.1.1813 in Weimar

Mit seinem frühen Bildungsroman *Geschichte des Agathon* (1766), der unter antiker Maske Wielands eigene intellektuelle Entwicklung beschrieb, wurde der Autor zu einem Wegbereiter der deutschen Klassik. In meisterhaft stilisierten Gedichten, Verserzählungen wie dem dreibändigen Werk *Musarion* und vor allem dem populären Epos *Oberon* fand er zu einem leichten, spielerischen, teilweise noch der Galanterie des Rokoko verpflichteten Ton. Er bezauberte sein Publikum, während klassizistische Kritiker die Sinnlichkeit und Erotik seiner Sprache monierten. Von der literaturinteressierten Herzoginwitwe Anna Amalia an den Weimarer Hof gezogen, bildete Wieland dort einen Teil des berühmten »Viergestirns« (mit Goethe, Nr. 56 , Schiller, Nr. 31 und Herder, Nr. 23). Bedeutungsvoll für die Literatur der Aufklärungszeit wurde er als Übersetzer von Shakespeares Dramen (1762/66) und als Herausgeber der einflussreichen Zeitschrift »Teutscher Merkur« (ab 1773). Büste von Johann Gottfried Schadow, Berlin 1807.

35. Berthold von Henneberg, Kurfürst und Erzbischof von Mainz, * 1441/42, † 21.12.1504

1484 zum hochrangigsten Kirchenfürsten und Kanzler des Reichs gewählt, vertrat Berthold von Henneberg die Belange der angesichts der innenpolitischen Situation im Reich angetretenen Reformpartei. Seine politischen Anschauungen speisten sich aus dem Geist der vorangegangenen Konzilszeit, was sich vor allem in der Überzeugung spiegelte, Kirchen- und Reichsreform müssten notwendigerweise eng miteinander verbunden werden. Auf dem Wormser Reichstag von 1495 konnte er die Einsetzung eines Reichskammergerichts und die Vereinbarung eines allgemeinen Landfriedens, vor allem aber ein ständisches Regierungsorgan, das sogenannte Reichsregiment, durchsetzen. Allerdings sollte dieser verfassungsrechtlichen Stärkung der Reichsstände gegen die Partikularinteressen sowohl der Landesherren wie des Königs aufgrund des hinhaltenden Widerstands Maximilians I. (Nr. 36) keine Dauer beschieden sein. Büste von Ernst Mayer, Rom 1824.

36. Maximilian I., König seit 1493, Kaiser seit 1508, * 22.3.1459 in Wiener Neustadt, † 12.1.1519 in Wels

In verschiedenen Kriegszügen, vor allem aber durch eine erfolgreiche Heiratspolitik vermochte der vielfältig talentierte Herrscher seiner Dynastie eine gewaltige Hausmacht zu verschaffen. Diese umfasste zuletzt neben den wohlhabenden Niederlanden auch das jüngst zur Weltmacht aufgestiegene spanische Reich. Damit wurde Maximilian zum Mitbegründer der bis ins späte 19. Jahrhundert andauernden internationalen Machtstellung der Habsburger. Gegenüber diesem konsequenten dynastischen Herrschaftsaufbau gelang es Maximilian hingegen nicht, die innenpolitischen Probleme seines Reichs zu lösen und dem vielfältigen Wunsch nach umfassenden Reformen zu entsprechen. Als typischer Renaissancefürst betätigte sich der prunkliebende Maximilian bevorzugt als Förderer von Wissenschaft und Kunst. In der historischen Erinnerung des 19. Jahrhunderts lebte der »Kaiser Max« als eine der faszinierendsten Herrschergestalten am Übergang vom Mittelalter zur Neuzeit fort. Dies gründete nicht zuletzt in einer früh und ingeniös konzipierten Propaganda in Kunst und Literatur, der Maximilian den langlebigen Ehrentitel des »letzten Ritters« auf dem Kaiserthron verdankte. Büste von Peter Kaufmann, Rom 1811.

37. Johannes Reuchlin, Humanist und Philologe,
* 22.2.1455 in Pforzheim, † 30.6.1522 in Stuttgart

Zusammen mit Erasmus von Rotterdam (Nr. 50) zählt Johannes Reuchlin zu den bedeutendsten europäischen Humanisten. Nach einem Studium der freien Künste in Freiburg bereiste Reuchlin Frankreich, wo er die griechische Sprache erlernte. Er lebte ab 1481 als Berater Herzog Eberhards von Württemberg (Nr. 26) für einige Jahre am Stuttgarter Hof. Als Professor für Griechisch und vor allem Hebräisch, das ihn der jüdische Arzt Kaiser Friedrichs III. gelehrt hatte, war er in Ingolstadt, Heidelberg und ab 1521 an der Tübinger Universität tätig. Mit seinen intensiven Sprachstudien begründete er die christliche Hebraistik. Sein energisches Gutachten gegen die Forderung des Konvertiten Johannes Pfefferkorn, die jüdische Literatur zu vernichten, löste einen weitreichenden Grundsatzstreit zwischen Humanisten und den Anhängern der traditionellen Scholastik aus. Büste von Heinrich Maximilian Imhof, Rom 1835.

38. Franz von Sickingen, Hauptman der südwestdeutschen Reichsritterschaft, * 2.3.1481 in Ebernburg/Nahe, † 7.5.1523 in Landstuhl

Als kämpferischer Hauptmann der rheinischen und schwäbischen Reichsritter lebte Sickingen in der Überlieferung als der letzte vollblütige Vertreter dieser durch sozialen und wirtschaftlichen Wandel zunehmend marginalisierten Gesellschaftsgruppe. Entsprechend wurde er als Idol des niederen Adels gefeiert. Zunächst als »Raubunternehmer« im privaten Kriegs- und Beutezug gegen verschiedene Gegner tätig, wurde Sickingen später durch seinen Freund, den Humanisten Ulrich von Hutten (Nr. 39), für die Sache der Reformation gewonnen. Die Belange des jungen Protestantismus schienen sich mit seinen eigenen Interessen zu decken. So kämpfte er als Vertreter der verarmten Reichsritterschaft für die Säkularisation kirchlichen Besitzes und bot den Anhängern Luthers Zuflucht. Doch unterlag Sickingen als Anführer der südwestdeutschen Reichsritter im »Pfaffenkrieg« gegen den geistlichen Kurfürsten von Trier seinen Gegnern. Vom Kaiser geächtet starb er an den im Kampf erlittenen Verwundungen. Erst das 19. Jahrhundert verklärte ihn zum tragischen Kämpfer gegen Ungerechtigkeit. Büste von Joseph Ernst von Bandel, Rom 1827.

39. Ulrich von Hutten, Humanist und Reichsritter,
* 21.4. 1488 auf Burg Steckelberg bei Fulda,
† 29.8.1523 auf der Insel Ufenau bei Zürich

Seine zahlreichen Schriften, ebenso wie sein Engagement für den verehrten Erasmus von Rotterdam (Nr. 50) und den Philologen Reuchlin (Nr. 37), der wegen seines Eintretens für Toleranz gegenüber den Juden angegriffen wurde, sicherten Ulrich von Hutten schon früh den Ruf des führenden deutschen Humanisten. 1517 empfing er aus den Händen Kaiser Maximilians I. (Nr. 36) die Dichterkrone. Auf politischem Gebiet propagierte der hessische Reichsritter als wortgewaltiger Anhänger der Reformation den bewaffneten Kampf gegen die Papstkirche. Im 19. Jahrhundert wurde Hutten, der als Verfasser des Dialogs *Arminius* seinen Titelhelden, den germanischen Heerführer und Sieger über die römischen Legionen, als ersten »Vaterlandsbefreier« verherrlichte, vielfach als Vordenker eigener nationalstaatlicher Sehnsüchte gepriesen. Büste von Joseph Kirchmayer, München 1811.

40. Albrecht Dürer, Maler, Grafikkünstler und Kunsttheoretiker, * 21.5.1471 in Nürnberg,
† 6.4.1528 in Nürnberg

Der schon zu seinen Lebzeiten international hochberühmte Nürnberger Maler gilt als der wichtigste deutsche Künstler der Renaissance. Mit seinen meisterhaften Holzschnitten und Kupferstichen, die er bereits professionell vermarktete, erhob er die Druckgrafik zum autonomen Kunstwerk. Mehrere Reisen führten ihn in die Kunstzentren Italiens und der Niederlande. In seinen Gemälden löste Dürer sich von der spätgotischen Tradition zugunsten einer Neuorientierung an antiken Vorbildern und am Studium der Natur, gemäß seiner Feststellung »warhafftig steckt die kunst inn der natur / wer sie herauß kann reyssen der hat sie«. Auch als Verfasser von Lehrbüchern, von Abhandlungen über die Proportionen und die Kunst der Messung übte er nachhaltigen Einfluss auf die künftige Geschichte der Malerei aus. Dürers Streben nach einer künstlerisch überhöhten Wiedergabe der Wirklichkeit findet programmatischen Ausdruck in dem berühmten Selbstbildnis von 1500, das sich seit dem 17. Jahrhundert in den Münchner Kunstsammlungen der Wittelsbacher befand. Büste von Christian Daniel Rauch, Berlin 1837.

41. Georg von Frundsberg, kaiserlicher Feldhauptmann, * 24.9.1473 in Mindelheim, † 20.8.1528 in Mindelheim

Als Soldat in kaiserlich-habsburgischen Diensten lernte Frundsberg, dem man später den Ehrentitel eines »Vaters der Landsknechte« verlieh, bereits 1499 im Kampf gegen die Schweizer die zukunftsweisende Überlegenheit einer modernen Infanterie gegenüber einem spätmittelalterlichen Heer von Panzerreitern kennen. In der Folge bildete er als Feldhauptmann von Tirol schlagkräftige, mit Lanzen ausgerüstete Fußtruppen aus, die er in den Kriegen Kaiser Maximilians I. (Nr. 36) und seines Enkels Karl V. (Nr. 59) bis nach Frankreich und Italien führte. Spektakuläre Erfolge feierten seine »Gewalthaufen« bei Bicocca (1522) und vor allem in der Schlacht von Pavia (1525), in welcher der französische König Franz I. seinem Gegner, dem Habsburger Karl V., in die Hände fiel. Für seine Verdienste wurde Frundsberg von Maximilian I. in den Ritterstand erhoben. Büste von Max von Widnmann, München 1841.

42. Gerhard Johann David von Scharnhorst, preußischer General und Heeresreformer, * 12.11.1755 in Bordenau/Leine, † 28.6.1813 in Prag

Nach der schweren Niederlage Preußens im Kampf gegen Napoleon wirkte Scharnhorst als neuer Chef des Kriegsministeriums zusammen mit Gneisenau (Nr. 55) maßgeblich als Organisator der preußischen Heeresreform (1807–1814). Durch Maßnahmen wie die Abschaffung der Adelsprivilegien und die Einführung der allgemeinen Wehrpflicht sollten Elemente der erfolgreichen, aus der Revolution erwachsenen »Volksarmee« des siegreichen Frankreichs in die traditionellen Strukturen des preußischen Heeres integriert werden. Langfristiges Ziel war die Schaffung patriotisch begeisterter Truppen, wie sie in den Befreiungskriegen ab 1813 zum Einsatz kommen sollten. Als einer der Ersten erhielt Scharnhorst das Eiserne Kreuz verliehen, dessen Stiftung er selbst König Friedrich Wilhelm III. nahegelegt hatte. Die pathosgesättigte, begeisterte Würdigung Scharnhorsts durch Ludwig I. spiegelt die Bedeutung, die die Zeitgenossen der Leistung des Reformers zuerkannten: »Scharnhorst legte den Saamen zu des Vaterlandes Befreyung. Er sank in der Morgenröte des herrlichen Tages.« Büste von Christian Daniel Rauch, Berlin 1830.

43. Michael Andreas Graf von Barclay de Tolly,
russischer Feldmarschall, Fürst seit 1815,
* 16.12.1761 in Luhde-Großhoff (Livland),
† 13.5.1818 in Insterburg

Obwohl der berühmte Feldmarschall kein Deutscher war und wohl auch nicht »teutscher Zunge« mächtig, befahl Ludwig I. seine Aufnahme in die Walhalla angesichts seiner militärischen Verdienste im Kampf gegen den verhassten Kaiser der Franzosen. Der aus Ostpreußen stammende Barclay de Tolly wurde 1810 von Zar Alexander I. zum russischen Kriegsminister ernannt. Nachdem die Grande Armée unter Führung Napoleons im Juni 1812 in Russland einmarschiert war, verfolgte er die stark kritisierte, letztlich aber erfolgreiche Taktik, das französische Heer immer tiefer ins Land hineinzuziehen und so von seinen Nachschublinien abzuschneiden. In den Entscheidungsschlachten der Befreiungskriege ab 1813 fungierte Barclay de Tolly als Oberkommandierender der russisch-preußischen Truppen. In Anerkennung seiner Verdienste erhob ihn der Zar 1815 zum Fürsten. Büste von Max von Widnmann, München 1841.

44. Gebhard Leberecht Blücher von Wahlstatt,
preußischer Generalfeldmarschall, Fürst seit 1814,
* 16.12.1742 in Rostock, † 12.9.1819 in Krieblowitz (Schlesien)

In den Befreiungskriegen gegen das napoleonische Frankreich (1813–1815) vertrat der populäre preußische General gegenüber den zögernden Oberkommandierenden beharrlich eine kontinuierliche Offensivstrategie und ging deshalb als »Marschall Vorwärts« in die Erinnerung der Truppen ein. Sein spätes, aber rechtzeitiges Eintreffen auf dem Schlachtfeld von Waterloo (18.6.1815) sicherte den nun vereinigten preußisch-englischen Truppen den endgültigen Sieg über Napoleon und beendete dessen »Herrschaft der 100 Tage«. Die Büste des berühmten Feldherrn gehörte zu den schon früh in Angriff genommenen Bildnisköpfen. Ludwig I. sah für die Ausführung zunächst Ridolfo Schadow vor, erteilte den Auftrag dann aber letztendlich dem mehr geschätzten Rauch. Anlässlich eines Abendessens im April 1815 schuf der Bildhauer das der Marmorausführung zugrunde liegende Tonmodell des damals 72-jährigen Blücher nach dem Leben. Büste von Christian Daniel Rauch, Carrara und Rom 1817.

45. Karl Philipp, Fürst zu Schwarzenberg, österreichischer Feldmarschall, * 15.4.1771 in Wien, † 15.10.1820 in Krieblowitz (Schlesien)

Erste militärische Erfolge sammelte Schwarzenberg in den österreichischen Feldzügen gegen das Osmanische Reich und das revolutionäre Frankreich. 1813 übernahm er den Oberbefehl der gegen Napoleon vereinigten österreichischen, preußischen und russischen Truppen und kommandierte die siegreiche Hauptarmee in der Völkerschlacht von Leipzig (16.–19.10.1813). Gleichfalls siegte Schwarzenberg bei Arcis-sur-Aube in einem der letzten Kämpfe mit dem napoleonischen Heer, an dem auch bayerische Kontingente teilnahmen, und festigte so seinen Ruf als Held der Befreiungskriege. Als eine von nur wenigen Büsten ist die Schwarzenbergs durch ein zusätzliches Attribut ausgezeichnet, den Lorbeerkranz, der auf die spezielle Bewunderung Ludwigs I. für den österreichischen Feldherrn verweist. Büste von Johann Nepomuk Schaller, Rom 1821.

46. Friedrich Wilhelm Herschel, Astronom, * 15.11.1738 in Hannover, † 25.8.1822 in Slough (England)

Friedrich Wilhelm Herschel arbeitete zunächst als Militärmusiker, bevor er 1757 vor französischen Truppen nach England floh. In seiner neuen Heimat wandte er sich verstärkt der Mathematik und Astronomie zu. Unterstützt von seiner Schwester Caroline leitete Herschel mit seiner ebenso unermüdlichen wie systematischen Kartografie der Himmelskörper die moderne Erforschung der Milchstraße ein, die er mit den von ihm entwickelten, lichtstarken Teleskopen in den Blick nahm. Zu den wissenschaftlichen Leistungen des »Vaters der Stellarastronomie« gehört die Entdeckung des zunächst für einen Komet gehaltenen Planeten Uranus (1781) ebenso wie die erste Beobachtung der Infrarotstrahlung sowie vor allem der auf seinen Erkenntnissen begründete Nachweis der Eigenbewegung des Sonnensystems. Seine astronomischen Forschungen sicherten Herschel die Mitgliedschaft in der Royal Society. Der englische König Georg III. ernannte ihn zum Hofastronom, unter seinem Sohn Georg IV. wurde er 1816, im Jahr, in dem die Büste fertiggestellt wurde, zum Ritter geschlagen. Büste von Konrad Eberhard, Rom 1816/17.

47. Peter Vischer der Ältere, Bildhauer und Rotschmied, * um 1460 in Nürnberg, † 7.1.1529 in Nürnberg

Der Nürnberger Metallbildhauer, ein Zeitgenosse Albrecht Dürers (Nr. 40), war der bedeutendste Vertreter der Künstlerfamilie Vischer. 1453 übernahm er den väterlichen Betrieb und baute ihn in den kommenden Jahren zur berühmtesten Messinggießerei des Reiches auf. Zu den Hauptwerken der Vischer-Werkstatt gehören der bronzene Reliquienschrein in der Nürnberger Sebalduskirche, in dessen Architektur und Figurenschmuck die Formensprache der Spätgotik und der Renaissance miteinander verbunden werden, sowie lebensgroße Bronzeplastiken für das Grabmal Maximilians I. (Nr. 36) in der Innsbrucker Hofkirche. Der Büste von Ferdinand Müller ging eine erste Fassung von Konrad Eberhard voraus, die Ludwig I. jedoch nach Erhalt für die Münchner Ruhmeshalle bestimmte, wo sie im Krieg zerstört wurde. Beide Künstler orientierten sich an Vischers Selbstbildnis am Nürnberger Sebaldusgrabmal. Büste von Ferdinand Müller, München 1839.

48. Aventin (eigentlich Johannes Turmair), Humanist, Gelehrter und Schriftsteller, * 4.7.1477 in Abensberg, † 9.1.1534 in Regensburg

Das Hauptwerk des 1517 zum bayerischen Hofhistoriografen ernannten Gelehrten, der sich nach seinem Heimatort Abensberg latinisiert »Aventinus« nannte, stellen die zwischen 1517 und 1522 entstandenen *Annales ducum Boiariae* dar. Diese bis unmittelbar an die eigene Lebenszeit des Autors reichende Landesgeschichte verwertete erstmals umfänglich und kritisch das historische Quellenmaterial. 1533 folgte eine in volkstümlichem Ton gehaltene deutschsprachige Bearbeitung *(Bairische Chronik)*, die – über weite Strecken eher eine deutsche als nur bayerische Geschichtsdarstellung – durch ihre vom Humanismus geprägte, unabhängige Auffassung des historischen Geschehens besticht. Der geschichtsbegeisterte Ludwig I. lobte das Werk des Gelehrten in seiner Aventin gewidmeten Kurzbiografie: »Den an hunderten von Orten befindlichen, häufig verborgenen Stoff zu Bayerns Geschichte hatte er zu sammeln, theils erst zu entdecken; eine ungeheure Arbeit!« Büstenmodell von Ludwig Schwanthaler 1827; Marmorausführung von Anton Horchler, München 1841.

49. Wolter von Plettenberg, Deutschordensmeister in Livland seit 1494, * um 1450 wohl auf Burg Meyerich bei Werl (Westfalen), † 28.2.1535 in Wenden (heute Cēsis, Lettland)

Als »Landmeister« verwaltete der aus westfälischem Adel stammende Plettenberg ab 1494 die Niederlassungen des Deutschen Ordens in Livland. Schon zuvor hatte er als Landmarschall mit einem Sieg über den Erzbischof von Riga den Grundstein für die Einigung Alt-Livlands gelegt (1491). Nachdem er 1502 die russischen Truppen des Moskowiter Großfürsten Iwan III. erfolgreich zurückgeschlagen hatte, verhielt sich Wolter in der Folge im Konflikt zwischen Polen-Litauen und Moskau neutral, um Livlands Unabhängigkeit nicht zu gefährden. Gleichfalls zurückhaltend agierte er hinsichtlich der Reformation, deren Einführung in seinem Machtbereich er mit Blick auf den inneren Frieden des Landes duldete. Seine kluge Ausgleichspolitik bescherte Livland in unruhigen Zeiten Jahrzehnte des Friedens und wirtschaftlichen Wohlstands. Büste von Ludwig von Schwanthaler, München 1832.

50. Erasmus von Rotterdam, niederländischer Humanist, Philosoph, Philologe und Schriftsteller, * 28.10.1466 oder 1469 in Rotterdam, † 11./12.7.1536 in Basel

Der schon von seinen Zeitgenossen als »Fürst der Humanisten« verehrte Erasmus von Rotterdam stand sowohl mit den führenden Intellektuellen als auch den Mächtigen seiner Zeit in fortwährendem gedanklichem Austausch. Angesehen und weithin berühmt arbeitete und lehrte er in verschiedenen Ländern. In seinen elegant stilisierten Publikationen und international zirkulierenden Briefen warb der »erste Europäer« für eine – relative – Religionsfreiheit und eine von Vernunft geleitete internationale Friedenspolitik. Als kritischer, öffentlichkeitswirksamer Denker und Schriftsteller gehört er zu den frühen Wegbereitern der Aufklärung. Bei der Gestaltung seines ausdrucksstarken Porträts des niederländischen Humanisten orientierte sich der Bildhauer Tieck eng an den historischen Bildvorlagen, zwei in Basel verwahrten zeitgenössischen Porträts des Erasmus. Selbst Details der Altersfalten und der Frisur sind aus der gemalten Vorlage in den Marmor übertragen worden. Büste von Christian Friedrich Tieck, Carrara 1813.

51. Paracelsus (eigentlich Philippus Theophrastus Bombastus von Hohenheim), Arzt, Naturforscher, Alchemist, religiöser Schriftsteller, * 1493/94 in Einsiedeln, † 24.9.1541 in Salzburg

Als Arzt forderte Paracelsus den Bruch mit der traditionellen, auf antiker Überlieferung basierenden Praxis der Medizin. Mit den von ihm propagierten therapeutischen Methoden gilt er heute als Vordenker ganzheitlicher Heilungsansätze. Seine Aufforderung, das »Buch der Natur zu studieren« und statt eines hypothetischen Ungleichgewichts der vier Körpersäfte organische Fehlfunktionen zu behandeln, wurde von den etablierten Medizinern regelmäßig angefeindet und trieb Paracelsus zu einem unsteten Wanderleben. Seine astrologischen und alchemistischen Studien und Veröffentlichungen verliehen ihm den langlebigen Nimbus eines kundigen Magiers der Frühen Neuzeit, den noch Goethe (Nr. 56) in seinem *Faust* poetisch verarbeitete. Modell der Büste von Johann Nepomuk Haller; Vollendung durch Emil Wolff, Rom 1827.

52. Nikolaus Kopernikus (eigentlich Koppernigk), ermländischer Astronom, * 19.2.1473 in Thorn, † 24.5.1543 in Frauenburg (Ostpreußen)

Der junge Kopernikus trieb zunächst ab 1491 in Krakau mathematische und astronomische Studien, bevor er nach Italien aufbrach, wo er neben Medizin kanonisches Recht studierte. Zurückgekehrt ins heimatliche Polen besetzte er als Sekretär seines Onkels, des ermländischen Bischofs, eine Stelle als Domherr in Frauenburg. Mit seinem Hauptwerk *De revolutionibus orbium coelestium* von 1543 läutete Kopernikus die Geburtsstunde der modernen Astronomie ein. Das von ihm beschriebene heliozentrische Weltbild mit der Sonne im Mittelpunkt des Alls, um welche die um ihre eigene Achse rotierende Erde als einer von mehreren Planeten kreist, ersetzte das aus der antiken Überlieferung übernommene ptolemäische Modell. In diesem begriff man die Erde, die Heimstatt des Menschen, als räumlichen und spirituellen Mittelpunkt der göttlichen Schöpfung. Damit revolutionierte Kopernikus nicht nur die traditionelle Sternenkunde, sondern warf zugleich darüber hinausgehende, weitreichende zukünftige Fragestellungen für Wissenschaft und Religionsphilosophie auf. Büste von Johann Gottfried Schadow, Berlin 1807.

53. Hans Karl Friedrich Anton von Diebitsch-Sabalkanskij, russischer Feldmarschall, Graf seit 1829, * 13.5.1785 in Groß Leipe (Schlesien), † 10.6.1831 in Kleczewo bei Pultusk, Polen

Ab 1828 kämpfte Diebitsch im Krieg Russlands gegen das Osmanische Reich und führte seine Truppen erfolgreich über den Balkan, was ihm die Erhebung in den Grafenstand und den Ehrennamen »Sabalkanskij« (Überschreiter des Balkans) bescherte. Als russischer Oberbefehlshaber schlug er 1831 im Auftrag des Zaren die aufständischen Polen zurück. Seinen Platz in der Walhalla erhielt er jedoch aufgrund früherer militärischer Taten im Kampf Russlands gegen die napoleonische Armee: Im Dezember 1812 hatte Diebitsch mit dem preußischen General Yorck von Wartenburg, der zu diesem Zeitpunkt noch im ungeliebten Bündnis mit den Franzosen stand, einen offiziell ungenehmigten Waffenstillstand geschlossen. Diese »Konvention von Tauroggen« leitete in Preußen die nationale Erhebung zum antinapoleonischen Befreiungskrieg ein. Büste von Christian Daniel Rauch, Berlin 1830.

54. Karl Reichsfreiherr vom und zum Stein, preußischer Staatsmann und Reformer, * 26.10.1757 in Nassau/Lahn, † 29.6.1831 in Schloss Cappenberg (Westfalen)

Zusammen mit seinem Nachfolger Hardenberg wirkte Karl Reichsfreiherr vom und zum Stein ab 1807 als der maßgebliche Initiator und Organisator der preußischen Reformen. Die von ihm vorangetriebenen Maßnahmen sollten in Reaktion auf die katastrophale Niederlage gegen das napoleonische Frankreich gleichermaßen Staat und Gesellschaft, Verwaltung und Wirtschaft modernisieren und ein erneuertes Preußen auf dem »dreifachen Primat der Waffen, der Wissenschaft und der Verfassung« aufbauen. Bis restaurative Tendenzen das Reformprogramm aufhielten, vermochten Stein und Hardenberg zukunftsweisende Maßnahmen wie die Bauernbefreiung, die Emanzipation der jüdischen Staatsbürger, eine neue Städteordnung und die Aufhebung der Binnenzölle anzustoßen. Mit seiner Initiative zur Gründung der mittelalterlichen Quellensammlung *Monumenta Germaniae Historica* hat der Freiherr zudem einen wichtigen Beitrag zur deutschen Geschichtswissenschaft geleistet. Büste von Johannes Leeb, Rom 1825.

55. August Wilhelm Anton Graf Neidhardt von Gneisenau, preußischer Generalfeldmarschall und Militärreformer, Graf seit 1814, * 27.10.1760 in Schildau bei Torgau, † 23.8.1831 in Posen

Nach der preußischen Niederlage gegen das napoleonische Frankreich wirkte August Wilhelm Anton Graf Neidhardt von Gneisenau zusammen mit seinem Kollegen Scharnhorst (Nr. 42) an zentraler Stelle an der Reform des geschlagenen Heeres mit, das er als eine Armee patriotischer Bürger unter Waffen reorganisieren wollte. Entsprechend vertrat er im Vorfeld der Befreiungskriege die Idee der Volkserhebung als militärische Taktik. Als Generalstabschef Blüchers (Nr. 44) hatte er entscheidenden Anteil an den Siegen der Alliierten über Napoleon bei Leipzig (1813) und Waterloo (1815). Aufgrund seiner frühen liberalen Anschauungen in den Restaurationsjahren zunehmend verdächtigt und kaltgestellt, schied Gneisenau bereits 1820 aus dem Staatsdienst aus. Büste von Christian Friedrich Tieck, Berlin 1842.

56. Johann Wolfgang Goethe, seit 1782 von Goethe, Dichter, * 28.8.1749 in Frankfurt/Main, † 22.3.1832 in Weimar

Schon den Zeitgenossen galt Goethe als der bedeutendste Dichter Deutschlands. Mit seinen ersten, dem »Sturm und Drang« zuzurechnenden Veröffentlichungen, namentlich dem populären *Werther*-Roman (1774), begründete er seine fortan dauerhafte Spitzenposition auf der Bühne der zeitgenössischen Literatur. Von der kleinen thüringischen Residenzstadt Weimar aus beeinflusste er seit 1775 mit seinen nun klassisch gereiften Dramen, mit Verserzählungen, Dichtungen und Romanen das geistige Leben Deutschlands, ja einer ganzen Kulturepoche: der »Goethezeit«. Als sein für die deutschsprachige Literatur bis heute zentrales dramatisches Werk wird die *Faust*-Tragödie angesehen, in der Goethe, ausgehend von der lebenslangen Auseinandersetzung mit der Figur des frühneuzeitlichen Magiers, letztlich eine umfassende Parabel des Menschseins gestaltete. Nicht minder intensiv und in steter Wechselwirkung mit seiner dichterischen Arbeit verfolgte der universale Künstler naturwissenschaftliche und kunstästhetische Fragestellungen und wirkte am Weimarer Hof über lange Jahre hinweg als Staatsmann. Büste von Christian Friedrich Tieck, Rom 1808.

57. Martin Luther, Reformator, * 10.11.1483 in Eisleben, † 18.2.1546 in Eisleben

Schon in seinen von inneren Krisen gekennzeichneten Jahren als Augustinermönch stellte der Theologe und künftige Reformator Luther die neutestamentliche Gnadenzusage ins Zentrum seiner religiösen Weltanschauung. Zum äußeren Auslöser der Reformation wurde jedoch seine wortgewaltige Kritik an der Verweltlichung der Kirche, die er erstmals prominent in seinen 1517 veröffentlichten 95 Thesen gegen den Ablasshandel vorbrachte. Die daraus resultierenden politischen und sozialen Verwerfungen führten letztlich zur Abspaltung Luthers und seiner Anhänger von der Papstkirche und zu einem eigenständig verfassten protestantischen Kirchenwesen. Die weitreichendsten Folgen dieser Entwicklung sollten über die Lebenszeit der Akteure hinaus die Geschicke Deutschlands und Europas für die kommenden Jahrhunderte nachhaltig prägen. Eng verbunden mit seinen religiösen Zielsetzungen übte Luther auch auf anderen Gebieten maßgeblichen Einfluss aus: So begründete er mit seiner Übersetzung des Neuen Testaments (1521) die Entstehung einer allgemeinen hochdeutschen Sprache. Büste von Ernst Friedrich Rietschel, Berlin 1831; Aufnahme 1847.

58. Hans Holbein der Jüngere, Maler und Grafikkünstler, * 1497 in Augsburg, † 29.11.1543 in London

»Dieser große Künstler malte mit Oelfarben und Wasserfarben vortrefflich auf Kalk, desgleichen in Miniatur (der Malerei Endpunkte), hell, schweizerisch frisch, mit blühend verschmolzener Färbung, bestimmten Umrissen.« So charakterisierte Ludwig I. in seiner 1842 veröffentlichten Biografiensammlung die alle malerischen Gattungen und Techniken seiner Zeit umfassende künstlerische Leistung Holbeins. Der bedeutende Renaissancemaler entstammte einer Augsburger Künstlerfamilie. Nach Jahren in Basel ließ sich Holbein, empfohlen von Erasmus von Rotterdam (Nr. 50) und Thomas Morus, in England nieder und wurde als Hofmaler des englischen Königs Heinrich VIII. tätig. Zu Holbeins Hauptwerken gehören zahlreiche Porträts seiner Zeitgenossen, deren Darstellung die objektive Wiedergabe mit einer faszinierenden Lebendigkeit der Charakterisierung vereint. Büste von Arnold Hermann Lossow, München 1840.

59. Karl V., spanischer König Karl I. seit 1516, römisch-deutscher König und »erwählter Kaiser« seit 1519, * 24.2.1500 in Gent, † 21.9.1558 in San Gerónimo de Yuste (Spanien)

In der Regierung des Habsburger Kaisers, der außer über die deutschen Staaten zugleich über das von den Eltern ererbte spanische Weltreich herrschte, schien sich für einen historischen Moment die alte Idee einer Universalmonarchie, in der »die Sonne nicht untergeht«, zu verwirklichen. Karls Vision eines politisch und religiös geeinten christlichen Europa unter der Herrschaft eines katholischen Kaisers scheiterte jedoch – trotz vielfältiger diplomatischer Erfolge und zahlreicher militärischer Triumphe gegenüber seinen inneren wie seinen äußeren Feinden, namentlich dem französischen König Franz I.: Die auseinanderstrebenden Kräfte der sich ausbildenden Nationalstaaten und die Expansion des Protestantismus erwiesen sich letztlich als stärker. Mit seiner Abdankung im Jahr 1556 erkannte Karl V. diese Entwicklung an und teilte das unregierbare Riesenreich zwischen der künftigen österreichischen und spanischen Linie des Hauses Habsburg auf. Büste von Franz Xaver Schwanthaler, München 1842.

60. Christoph, Herzog von Württemberg, * 12.5.1515 in Urach, † 28.12.1568 in Stuttgart

Christoph (ein Enkel des bayerischen Herzogs Albrecht IV.) verbrachte seine Jugend am kaiserlichen und französichen Hof. Der Regierungsantritt im heimatlichen Württemberg schien ungewiss, denn der Kaiser wünschte das Land als erledigtes Lehen einzuziehen. Erst nachdem die dauerhafte Sicherung seiner Herrschaft 1553 im Passauer Vertrag erreicht werden konnte, begann er eine umfangreiche Neuordnung der staatlichen Verwaltung seines Herzogtums, in die er die Landstände einbezog. Mit dem rechtlichen Grundlagenwerk der »Großen Kirchenordnung« von 1559 band Christoph die junge reformierte Landeskirche Württembergs straff an die herzogliche Regierung. Im Konflikt der evangelischen Reichsfürsten mit dem katholischen Kaiser wahrte der Herzog Neutralität, um als Vermittler sein langfristiges religionspolitisches Ziel, die Gleichberechtigung der Augsburger Konfession, durchzusetzen. Büste von Herman Vilhelm Bissen, Rom 1831.

61. Aegidius (Gilg) Tschudi, schweizerischer Gelehrter und Staatsmann, * 5.2.1505 in Glarus (Schweiz), † 28.2.1572 in Glarus (Schweiz)

Der als »Herodot der Schweiz« gerühmte Historiker schrieb eine erste umfassende Landesgeschichte der Eidgenossenschaft (*Chronicon Helveticum*, 1534–1536), in der bereits die Tell-Sage eine wichtige Rolle spielt und die noch Schillers (Nr. 31) Drama als Grundlage diente. Tschudis bis ins 19. Jahrhundert maßgebliche historische Darstellung ist insofern der *Bairischen Chronik* des eine Generation älteren Aventin (Nr. 48) zu vergleichen. Kurz darauf legte Aegidius Tschudi 1538 die erste genaue Karte der damaligen Schweiz vor. Als leidenschaftlicher Anhänger der Gegenreformation propagierte er eine militärische Rekatholisierung der protestantischen Eidgenossen und führte als Vorsitzender der Kantonsregierung 1559/60 die Gemeinden des Kantons Glarus beinahe gegeneinander in den sogenannten »Tschudi-Krieg«. Büste von Christian Friedrich Tieck, Carrara 1817.

62. Karl, Erzherzog von Österreich, Feldmarschall, * 5.9.1771 in Florenz, † 30.4.1847 in Wien

In den Koalitionskriegen gegen das revolutionäre Frankreich sammelte der jüngere Bruder des Kaisers Franz II. erste militärische Erfolge, die ihn rasch populär machten. Doch sah sich Erzherzog Karl in seiner Laufbahn wie auch in seinen militärischen Reformprojekten immer wieder durch seine Gegner innerhalb der Regierung und am Wiener Hof behindert. In der patriotischen Erinnerung lebte er als der Feldherr weiter, der in der Schlacht von Aspern (1809) mit heldenhaftem Einsatz erstmalig dem übermächtigen Napoleon eine militärische Niederlage zufügen konnte. Den letztlich aber entscheidenden Sieg der französischen Armee über die Österreicher bei Wagram kurz darauf konnte Karl dennoch nicht verhindern und legte in der Folge sein Kommando nieder. Die Büste des damals erst 36-jährigen Erzherzogs gehörte zu den allerersten, die der bayerische Kronprinz bereits 1807 in Auftrag gab. Der gemeißelte Lorbeerkranz auf der hohen Stirn des in seiner österreichischen Heimat schon früh verehrten Habsburgers weist auf die Bedeutung hin, die auch Ludwig I. ihm als Feldherrn der Befreiungskriege zuerkannte. Büste von Franz Anton Zauner, Wien 1809; Aufnahme 1853.

63. Johann Joseph Wenzel Graf Radetzky, österreichischer Feldmarschall, Generalgouverneur von Lombardo-Venetien, * 2.11.1766 in Třebnic (Böhmen), † 5.1.1858 in Mailand

Radetzky, einer der talentiertesten österreichischen Heerführer des 19. Jahrhunderts, diente in den Befreiungskriegen als Generalstabschef des Fürsten Schwarzenberg (Nr. 45) und hatte als solcher 1813 entscheidenden Anteil am Sieg in der Leipziger Völkerschlacht. Nach der Beförderung zum österreichischen Feldmarschall versuchte er im Kampf gegen die Vertreter der italienischen Einigungsbewegung Lombardo-Venetien im Verband der Habsburgermonarchie zu halten. Mit den Siegen bei Custoza (1848) und Novara (1849) über die Truppen König Alberts von Sardinien-Piemont verlängerte er die österreichische Herrschaft über Oberitalien für zwei Jahrzehnte, ohne die schließliche nationale Einigung ab 1859 jedoch verhindern zu können. In der Erinnerung lebt der österreichische Militär heute vor allem dank des populären Marsches, den Johann Strauß (Vater) 1848 komponierte. Büste von Johann von Halbig, 1849/58.

64. Friedrich Wilhelm Joseph Schelling, seit 1812 von Schelling, Philosoph, * 27.1.1775 in Leonberg, † 20.8.1854 in Ragaz (Schweiz)

Der Philosoph Schelling gilt zusammen mit Hegel als Hauptvertreter des Deutschen Idealismus. Sein breites Werk umfasst Arbeiten zur Erkenntnistheorie, Metaphysik, Kunst-, Rechts- und Religionsphilosophie und übte starken Einfluss auf die Vertreter der Romantik aus. Er ist der Begründer einer spekulativen Naturphilosophie. Die von ihm vollzogene Einbindung des Unbewussten in sein philosophisches Ideengebäude bereitete die künftige Entwicklung der Psychoanalyse mit vor. Ludwig I. fühlte sich Schelling, den er bereits 1807 noch als Kronprinz persönlich kennenlernte, tief verbunden: 1827 berief er den Philosophen als Professor an die neu nach München verlegte Universität und ernannte ihn zum Präsidenten der Bayerischen Akademie der Wissenschaften sowie zum ersten Generalkonservator der wissenschaftlichen Sammlungen. Schließlich setzte er ihn als Lehrer seines Sohnes und Thronfolgers Maximilian (II.) ein. Büstenmodell von Christian Friedrich Tieck 1809; Ausführung von Arnold Hermann Lossow, München 1859.

65. Ludwig van Beethoven, Komponist,
* 17.12.1770 in Bonn, † 26.3.1827 in Wien

Aus musikhistorischer Sicht vollendete Beethoven die Wiener Klassik. Doch gehört das umfängliche musikalische Schaffen des genialen Komponisten über diese Epoche hinausweisend zu den bedeutendsten Werken des klassischen Repertoires. Ab 1792 lebte und arbeitete Beethoven in der österreichischen Hauptstadt. Schon die ersten dort entstandenen, ab 1795 veröffentlichten Werke machten den jungen Musiker rasch bekannt und brachten ihn in Kontakt mit zahlreichen Gönnern und Mäzenen, die ihn dauerhaft unterstützten. Trotz seiner 1802 diagnostizierten Ertaubung, die zu einem vollkommenen Gehörverlust fortschritt, gelang es Beethoven in seinem Werk, der Musik neue und erweiterte Ausdrucksmöglichkeiten zu eröffnen. Vor allem in der Ausgestaltung der Sonate und der Sinfonie (3. Sinfonie, »Eroica«, 1804; 9. Sinfonie, 1824) verwirklichte er ein Ideal »absoluter Musik«, das für alle nachfolgenden Sinfoniker künstlerisch maßgeblich wurde. Büstenmodell von Anton Dietrich, 1822; Ausführung von Arnold Hermann Lossow, München 1866.

66. Wilhelm I., König von Preußen seit 1861, Kaiser seit 1871, * 22.3.1797 in Berlin, † 9.3.1888 in Berlin

1858 übernahm der damalige Prinz von Preußen zunächst die Regentschaft für seinen geisteskranken älteren Bruder, König Friedrich Wilhelm IV., und bestieg nach dessen Tod 1861 selbst den Thron. Im Verfassungskonflikt mit dem preußischen Landtag berief er 1862 Otto von Bismarck (Nr. 74), der bis zum Ende von Wilhelms langer Herrschaft die preußische und deutsche Politik bestimmen sollte. Nur widerwillig akzeptierte der bereits über 70-Jährige, der sich gänzlich als preußischer, den Ideen des Konservativismus und der Legitimität verpflichteter Fürst fühlte, 1871 die Position als erster Kaiser des von Bismarck neu geschaffenen Deutschen Reichs. Als »greiser Heldenkaiser«, der einem Ideal steter »friderizianischer« Pflichterfüllung huldigte, erfreute sich der 1848 noch als reaktionärer »Kartätschenprinz« geschmähte Wilhelm hoher Popularität. Die Verehrung als Symbolgestalt des endlich geeinten Deutschlands fand nach seinem Tod nicht zuletzt in einer großen Anzahl monumentaler Nationaldenkmäler Ausdruck. Büste von Konrad Knoll, Aufstellung 1898.

67. Wilhelm I. von Oranien, niederländischer Staatsmann, * 24.4.1533 in Dillenburg, † 10.7.1584 in Delft

Als bedeutende Führungspersönlichkeit im »Achtzigjährigen Krieg« Hollands gegen Spanien (1568–1648) wurde der Oranier zum Begründer der niederländischen Unabhängigkeit. 1559 ernannte der damalige neue Herr der Niederlande, der spanische König Philipp II., den jungen Wilhelm, einen Vertrauten seines Vaters Kaiser Karl V. (Nr. 59), zum Statthalter dreier Provinzen. Dennoch wurde Wilhelm zum Vertreter der nationalen Opposition gegen den habsburgisch-spanischen Zentralismus: Als Philipps Heerführer, der Herzog von Alba, 1566 – nominell in Reaktion auf den calvinistischen Bildersturm – die Niederlande besetzen ließ, verbündeten sich unter Wilhelms Mitwirkung die empörten niederländischen Provinzen 1576 zunächst in der kurzlebigen »Genter Pazifikation«. Dem folgten 1581 die Unabhängigkeitserklärung der sieben nördlichen Provinzen und ihr Zusammenschluss zur Republik der Vereinigten Niederlande, deren Führung Wilhelm als erster »stadhouder« übernahm. 1584 wurde der Oranier, der persönlich den unzeitgemäßen Gedanken religiöser Toleranz vertrat, von dem katholischen Fanatiker Balthasar Gérard erschossen. Büste von Christian Friedrich Tieck, Carrara 1815.

68. Ludwig I. von Bayern, von 1825 bis 1848 König von Bayern, * 25.8.1786 in Straßburg, † 29.2.1868 in Nizza

Bereits in seiner Kronprinzenzeit offenbarte der junge Ludwig wichtige Triebfedern seines künftigen Handelns als König: ein stark entwickeltes monarchisches Selbstbewusstsein und ein begeistertes Geschichtsinteresse, das von der Romantischen Bewegung sowie der Philosophie des Deutschen Idealismus geformt wurde und das die freiheitlichen und nationalpatriotischen Ansätze seiner ersten Regierungsjahre prägte. Auch seine Liebe zu Kunst und Architektur entdeckte Ludwig als junger Mann auf der ersten seiner zahlreichen Italienreisen (1804). Der zweite bayerische König wurde zu einem der bedeutendsten Mäzene des 19. Jahrhunderts: Unter seiner Regierung wandelte sich München zu einem wichtigen Kunstzentrum, das die Architekten Leo von Klenze und Friedrich von Gärtner zum klassizistischen »Isar-Athen« ausbauten. Für die großzügig von ihm erweiterten und gepflegten königlichen Kunstsammlungen ließ Ludwig die Glyptothek und die Pinakotheken errichten. Zugleich vergrößerte er die königliche Residenz umfassend und ließ zahlreiche Kirchen sowie mehrere Nationaldenkmäler erbauen, die der patriotischen Erziehung der Untertanen dienen sollten, darunter als bedeutendstes die 1842 vollendete Walhalla.

Innenpolitisch gelang ihm eine Sanierung der bayerischen Staatsfinanzen, auch wirkte er an der wirtschaftlich wichtigen Bildung des Deutschen Zollvereins mit. Außenpolitisch unterstützte der Wittelsbacher als begeisterter Philhellene den griechischen Freiheitskampf (1821–1829) und in der Folge ab 1832 die Regierung seines Sohnes Otto als erstem König eines unabhängigen Griechenlands. Solchen Erfolgen stehen die wachsenden Konflikte gegenüber, in die sich der unter den Eindrücken der Vormärzjahre immer konservativer und autokratischer auftretende Herrscher mit der bayerischen Ständeversammlung verwickelte. Mit der Affäre um die Tänzerin Lola Montez und dem zeitgleichen Ausbruch der Pariser Februarrevolution spitzte sich die Lage 1848 schließlich derart zu, dass Ludwig am 19. März des Jahres zugunsten seines Sohns Maximilian (II.) abdankte. Auch als Privatmann förderte er weiterhin seine Kunstsammlungen sowie seine zahlreichen Bauprojekte, die er testamentarisch zu großen Teilen dem Land Bayern vermachte. Statue von Ferdinand von Miller d.J., München; Aufstellung am 25.8.1890.

BÜSTEN (RECHTS VOM STANDBILD BEGINNEND)

69. August I., Kurfürst von Sachsen seit 1553,
* 31.7.1526 in Freiberg, † 11.2.1586 in Dresden

August führte den unter seinem Vorgänger begonnenen Aufbau des sächsischen Territorialstaats durch eine kluge Arrondierungspolitik fort. Innenpolitisch reformierte er Verwaltungs- und Justizwesen und betrieb erfolgreich den wirtschaftlichen Aufschwung Kursachsens, namentlich durch die Förderung des Bergbaus und den Aufbau Leipzigs zu einem führenden deutschen Handelsplatz. Als politischer Führer der deutschen Protestanten strebte der reichstreue August einen Ausgleich mit den katholischen Habsburgerkaisern an, da er den Erhalt der habsburgischen Türkenabwehr und eines starken Kaisertums einer protestantischen Machtpolitik voranstellte. Religionspolitisch suchte er eine gemeinsame Frontstellung gegen den vor allem in Frankreich machtvollen Calvinismus zu erzielen. Dies erreichte er im Bekenntnis der lutherischen Landstände zur Konkordienformel (1577), die sich gegen Calvins Lehre richtete. Büste von Ernst Friedrich Rietschel, Dresden 1840.

70. Julius Echter von Mespelbrunn, Fürstbischof von Würzburg, * 18.3.1545 in Mespelbrunn,
† 13.9.1617 in Würzburg

Nach der Wahl zum Würzburger Fürstbischof 1573 wurde Echter dort als fähiger Verwaltungsreformer im Geiste des Frühabsolutismus aktiv und betätigte sich zugleich als engagierter Bauherr (»Julius-Stil«). Über die Grenzen seines geistlichen Fürstentums hinaus einflussreich wurde er vor allem als überzeugter Vorkämpfer der Gegenreformation. Als solcher unterstützte er etwa wirksam die Besetzung des Kölner Erzbistums durch einen altgläubigen Wittelsbacher und begründete 1582 die Würzburger Universität neu als katholische Bildungsstätte. Auch vor Zwangsbekehrung bzw. der Ausweisung hartnäckiger Protestanten aus seinem fränkischen Herrschaftsgebiet schreckte der energische Kirchenfürst nicht zurück. Gleichfalls erlebte die kirchliche Hexenverfolgung unter seiner Herrschaft im Würzburger Bistum einen traurigen Höhepunkt – Geschehnisse, die das heutige Bild des Reformers und Staatsmanns bleibend verdunkeln. Büste von Johannes Scholl, Rom 1840.

71. Prinz Moritz von Oranien, niederländischer Feldherr und Staatsmann, * 14.11.1567 in Dillenburg, † 23.4.1625 in Den Haag

Nach der Ermordung seines Vaters Wilhelm von Oranien (Nr. 67) im Jahr 1584 übernahm Moritz den Vorsitz im Staatsrat der 1581 begründeten Vereinigten Niederlande und führte als Oberhaupt der Land- und Seestreitkräfte den Unabhängigkeitskrieg gegen Spanien fort. Umfassende Heeresreformen ab 1590 begründeten seine militärischen Erfolge, dank derer bis 1594 die feindlichen Truppen dauerhaft verdrängt werden konnten. Diesen eindrucksvollen Siegen auf dem Schlachtfeld standen jedoch tief greifende innenpolitische Konflikte gegenüber: Die von Moritz geforderte Fortsetzung des Freiheitskampfes, den er zusammen mit der Durchsetzung eines strengen Calvinismus als Staatsräson der jungen niederländischen Republik auffasste, wurde von seinem einstigen Förderer, dem Regierungschef Johan van Oldenbarnevelt, zugunsten eines zwölfjährigen Waffenstillstands mit Spanien unterbunden. Diesen zeitweisen Friedensschluss konnte der Oranier nicht verhindern, setzte sich aber im Machtkampf mit seinem zivilen Gegner letztlich gewaltsam durch und ließ van Oldenbarnevelt 1617 hinrichten. Büste von Christian Friedrich Tieck, Carrara 1815.

72. Johannes Kepler, Astronom und Mathematiker, * 27.12.1571 in Weil der Stadt, † 15.11.1630 in Regensburg

Lange Jahre wirkte Kepler zunächst als Assistent, dann als Nachfolger Tycho Brahes als Mathematiker und Astronom am Hof des sternengläubigen Kaisers Rudolf II. in Prag. Schon früh begeistert von den Entdeckungen des Kopernikus (Nr. 52), gelang es ihm, dessen heliozentrisches Weltbild zu bestätigen und entscheidend zu verbessern. Seine Forschungen zur »Himmelsmechanik«, der Bewegung der Planeten, mündeten in die »Keplerschen Gesetze«, die die Ellipsenform der Planetenbahnen aufzeigten und bereits auf die Gravitationslehre Newtons vorverwiesen. Die persönliche, von zahlreichen Schwierigkeiten bedrängte Biografie des Forschers fasste Ludwig I. lakonisch zusammen: »Am Himmel lebte Keppler, war nicht für irdische Geschäfte.« Büste von Peter Schöpf, Rom 1842.

73. Albrecht von Wallenstein, böhmischer Feldherr, Politiker, Herzog von Friedland seit 1622, * 24.9.1583 in Hermanice (Ostböhmen), † 25.2.1634 in Eger

Der böhmische Adlige ist – nicht zuletzt dank Schillers (Nr. 31) Dramentrilogie – der bekannteste Feldherr des Dreißigjährigen Kriegs. Gemäß seinem Motto »Der Krieg muss den Krieg ernähren« führte er Feldzüge im Geiste privatwirtschaftlichen Unternehmertums: Er warb Truppen auf eigene Kosten und ließ sie von den geschlagenen Gegnern unterhalten. Diese autonome Militärmacht stellte er dem Habsburger Kaiser Ferdinand II. und der katholischen Liga gegen ihre protestantischen Gegner zur Verfügung; ab 1625 übte er den Oberbefehl über die kaiserlichen Armeen aus. Nach einer ersten Entlassung 1630 auf Druck der Kurfürsten, namentlich Maximilians I. von Bayern (Nr. 89), musste Ferdinand II. Wallenstein nach dem Einmarsch des Schwedenkönigs Gustav Adolf erneut zum Generalissimus ernennen. Der vom Kaiser enttäuschte Feldherr nutzte sein Oberkommando aber zu eigenmächtigen Unterhandlungen mit den Schweden – Anlass für seine Ermordung durch kaiserliche Offiziere im Jahr 1634. Büste von Christian Friedrich Tieck, Carrara 1812.

74. Otto von Bismarck, deutscher Reichskanzler, Fürst seit 1871, * 1.4.1815 in Schönhausen, † 30.7.1898 in Friedrichsruh bei Hamburg

Als Ministerpräsident des preußischen Königs Wilhelm I. (Nr. 66) gelang es dem konservativen Bismarck in einer »Revolution von oben«, die nationale Einigung unter preußischer Vorherrschaft im »kleindeutschen Sinne« zu verwirklichen. Endpunkt der ab 1864 ausgefochtenen Einigungskriege bildete 1871 die Gründung des Deutschen Reichs, mit Wilhelm I. als Kaiser und Bismarck als Kanzler. Eine vielgestaltige Bündnispolitik sollte für Akzeptanz der neuen Großmacht sorgen. Innenpolitisch agierte der »Eiserne Kanzler« weniger glücklich, verschärfte soziale Konflikte und behinderte die Ausbildung demokratischer Traditionen. 1890 wurde Bismarck durch den ehrgeizigen jungen Kaiser Wilhelm II. gestürzt. Die heutige historische Forschung relativiert das im 20. Jahrhundert polarisierte Bild des konservativen Ausnahme-Staatsmanns und betont Bismarcks Einbettung in die Strukturen und politischen Prozesse seiner Zeit. Büste von Erwin Kurz, München; Aufstellung 1908.

75. Helmuth von Moltke, preußischer Generalfeldmarschall, Graf seit 1870, * 26.10.1800 in Parchim (Mecklenburg), † 24.4.1891 in Berlin

Als Chef des preußischen Generalstabs hatte Moltke entscheidenden Anteil an der erfolgreichen Durchführung der drei »Einigungskriege« gegen Dänemark (1864), Österreich (1866) und Frankreich (1870/71), auf deren Basis Bismarck (Nr. 74) die Reichsgründung vollzog. Auf den Schlachtfeldern von Königgrätz und Sedan stellte Moltke den Erfolg seiner operativen Prinzipien unter dem Motto »erst wägen, dann wagen« unter Beweis: eine akribische Vorbereitung des Feldzugs und die Ausnutzung aller Möglichkeiten moderner Waffentechnologie (Zündnadelgewehr), der neuen Kommunikationswege (Telegrafie) und Transportmittel (Eisenbahn) für die neuartigen Massenheere. Den Zeitgenossen galt der »große Schweiger« Moltke als Inbegriff des genialen Militärs, der sich zugleich an sittliche Maßstäbe gebunden weiß. Büste von Hermann Hahn, München; Aufstellung 1910.

76. Richard Wagner, Komponist und Schriftsteller, * 22.5.1813 in Leipzig, † 13.2.1883 in Venedig

Mit der Reihe seiner Musikdramen, die nach Frühwerken mit dem 1843 in Dresden uraufgeführten *Fliegenden Holländer* beginnt und in der 1874 abgeschlossenen Tetralogie des *Ring des Nibelungen* ihren Höhepunkt findet, stieg Wagner zum bedeutendsten Erneuerer der Musik der Romantik im 19. Jahrhundert auf. Er beeinflusste maßgeblich die weitere musikalische Entwicklung der Moderne. Zudem erweiterte er die klassische Opernform zu einem Gesamtkunstwerk. Trotz widersprüchlicher Wesenszüge und seines in den theoretischen Schriften regelmäßig durchschlagenden, notorischen Antisemitismus gelang es Wagner nach einer langen Phase der Polarisierung, große Teile des kulturellen Deutschlands nachhaltig für sich zu begeistern. Mit finanzieller Unterstützung seines großen Bewunderers, des bayerischen Königs Ludwig II., konnte Wagner in der fränkischen Kleinstadt Bayreuth ein eigens für die Aufführung seiner Werke bestimmtes Theater errichten lassen. Dort werden bis heute jährlich die ihm gewidmeten Festspiele veranstaltet und sorgen für die anhaltende Diskussion um Werk und Persönlichkeit. Büste von Bernhard Bleeker, München; Aufstellung 1913.

77. Johann Sebastian Bach, Komponist,
* 21.3.1685 in Eisenach, † 28.7.1750 in Leipzig

Der bedeutendste Vertreter der Musikerfamilie Bach war zunächst als Kirchenorganist verschiedener lutherischer Gemeinden Thüringens sowie als Hofkomponist des Fürsten von Anhalt-Köthen tätig, bevor er ab 1723 den Posten als Kantor der Leipziger Thomanerkirche antrat. Sein Schaffen umfasste sowohl höfische Concerti grossi in italienischer Manier wie häusliche Klavier- und kirchliche Orgelmusik deutscher Tradition. In seinen 200 überlieferten Kirchenkantaten und den großen Passionen durchdringen sich technische Meisterschaft und künstlerische Kreativität untrennbar mit religiösem Gefühl. Schon kurz nach dem Tod des Komponisten fiel seine Musik zunächst dem Vergessen anheim. Doch bereits ab 1829 begann mit der Wiederentdeckung der *Matthäus-Passion* durch Felix Mendelssohn Bartholdy eine ungebrochen bis heute innerhalb der musikalischen Welt anhaltende Bach-Renaissance. Büste von Fritz Behn, wohl München; Aufstellung 1916.

78. Justus Liebig, seit 1845 von Liebig, Chemiker,
* 12.5.1803 in Darmstadt, † 18.4.1873 in München

Liebig, einer der wichtigsten Chemiker des 19. Jahrhunderts, entwickelte durch seine wissenschaftlichen Leistungen in der organischen Chemie, aber auch durch die Einführung des regulären experimentellen Unterrichts im Studium sein Fach hin zur exakten Naturwissenschaft. Seine neuartigen Laborgeräte revolutionierten seit 1831 die bisher nur ungenaue Elementaranalyse. Mit der Vorstellung der Radikaltheorie leistete er einen wichtigen Beitrag zur Erforschung chemischer Verbindungen. Seit den 1840er-Jahren und spätestens mit seiner Berufung an die Münchner Universität 1852 verlagerte Liebig sein Forschungsinteresse stärker auf die angewandte Chemie. Auf der Suche nach Mitteln, den Ernteertrag zu erhöhen, legte er den Grund für die Erfindung des Kunstdüngers und wurde zu einem Vordenker der Agrochemie. Praktische Ziele verfolgten auch die von ihm betriebene Entwicklung von Säuglingsnahrung und Fleischextrakt. Liebigs Forschungen ermöglichten maßgeblich den bis ins 20. Jahrhundert währenden Aufstieg Deutschlands zu einem Vorreiter auf dem Feld der chemischen Industrie. Büste von Theodor Georgii, München; Aufstellung 1925.

79. Bernhard, Herzog von Sachsen-Weimar, Heerführer, * 16.8.1604 in Weimar, † 18.7.1639 in Neuenburg (Baden)

Bernhard, jüngerer Sohn aus einer Nebenlinie der sächsischen Wettiner-Dynastie, beschloss bereits in der Frühphase des Dreißigjährigen Kriegs, sein Glück als Soldat im Dienste der protestantischen Partei zu machen. Seine Rolle als eine der zentralen Feldherrenpersönlichkeiten dieses wechselhaften Epochenkonflikts fand er an der Seite des schwedischen Königs Gustav Adolf, der seit 1630 machtvoll in das Kriegsgeschehen im Reich eingriff. Nach Gustav Adolfs Tod in der Schlacht von Lützen trug Bernhard den »Schwedenkrieg« noch bis Bayern (1633 Eroberung Regensburgs), knüpfte in der Folge aber angesichts wachsender Kontroversen mit der schwedischen Armeeführung Unterhandlungen mit der französischen Kriegspartei an. Richelieu stellte ihm Truppen zur Verfügung, mit denen er 1638 die strategisch wichtige Festung Breisach einnahm. Kurz darauf starb der protestantische Condottiere unerwartet auf der Höhe seines militärischen Ruhms, ohne sein Lebensziel, die dauerhafte Begründung einer eigenen Herrschaft, erreicht zu haben. Büste von Christian Friedrich Tieck, Carrara 1812/13.

80. Peter Paul Rubens, flämischer Maler, * 28.6.1577 in Siegen, † 30.5.1640 in Antwerpen

Mit seiner ungemein sinnlichen Pinselschrift, die von leidenschaftlichem Pathos belebt wird, und Gemälden, die von der Rhetorik der Gegenreformation erfüllt sind, gilt der flämische Künstler als bedeutendster barocker Maler des 17. Jahrhunderts nördlich der Alpen. Bereits seine Zeitgenossen verehrten Rubens als den Fürsten der Maler seiner Epoche. Schon kurz nach seiner Rückkehr aus Italien besuchten bald Patrizier und Monarchen seine Antwerpener Werkstatt, die er als international tätiges Großunternehmen führte. In seinen Werken gelang es Rubens, die in Italien empfangenen Anregungen mit den künstlerischen Traditionen seiner niederländischen Heimat zu einem eigenständigen Stil zu verbinden. Seine vitalen, farbensprühenden Darstellungen mythologischer und religiöser Themen, seine Porträts und Allegorien beeinflussten nicht nur die flämische, sondern die ganze europäische Malerei des 17. und 18. Jahrhunderts. Büste von Peter Simon Lamine, München 1809.

81. Anthonis van Dyck, flämischer Maler,
* 22.3.1599 in Antwerpen, † 9.12.1641 in London

Van Dyck begann seine künstlerische Laufbahn in der für einen internationalen Kundenkreis tätigen Werkstatt von Peter Paul Rubens (Nr. 80) in Antwerpen. 1621 reiste er erstmals nach England, wo ihn der dortige Adel rasch als Gestalter ebenso lebendiger wie repräsentativer Porträts feierte. 1632 ließ sich van Dyck dauerhaft in London nieder, wo er bis zu seinem frühen Tod als Hofmaler und Porträtist in den Diensten des kunstbegeisterten Königs Karl I. stand. Zusammen mit Rubens gilt van Dyck als bedeutendster Vertreter der flämischen Barockmalerei, der vor allem weitreichenden Einfluss auf die Entwicklung des englischen und französischen Porträts ausübte. Seine brillant gemalten, eleganten Bildnisse der englischen Hofgesellschaft verbinden adelige Repräsentation mit Psychologie und prägen bis heute maßgeblich unseren Blick auf diese Gesellschaft einer vergangenen Epoche. Büste von Christian Daniel Rauch, München/Rom 1812.

82. Hugo de Groot, (Grotius), niederländischer Rechtsgelehrter, * 10.4.1583 in Delft,
† 28.8.1645 in Rostock

Der schon früh als »miracle de la Hollande« gerühmte Grotius diente zunächst der jungen Republik der Vereinigten Niederlande als Staatsmann. 1618 wurde er jedoch von der Partei der radikalen Calvinisten angeklagt, religiöse und verfassungsgefährdende Grundsätze zu verbreiten, und inhaftiert. Noch im Gefängnis begann er die Arbeit an seinem 1625 veröffentlichten Hauptwerk *De iure belli ac pacis*, in dem er den Gedanken eines säkularen, für alle Nationen gleichermaßen gültigen Naturrechts niederlegte. Nachdem er aus dem Kerker hatte fliehen können, führte Grotius ab 1621 bis zu seinem Tod ein unstetes Wanderleben. Als politischer Philosoph gilt er heute als Wegbereiter der Aufklärung sowie als einflussreicher Vordenker des Völkerrechts und des Souveränitätsgedankens, dessen Anregungen bereits 1648 in die Westfälischen Friedensverträge Eingang fanden. Er versuchte, die rechtlichen Grundsätze im Zusammenleben der Völker begrifflich zu fassen, und forderte, die Auswüchse des Kriegs durch Rechtsvorgaben zu beschränken. Büste von Christian Friedrich Tieck, Carrara 1814.

83. Friedrich Ludwig Jahn, Pädagoge und »Turnvater«, * 11.8.1778 in Lanz/Prignitz, † 15.10.1852 in Freyburg a. d. Unstrut

Im Vorfeld der Befreiungskriege verknüpfte der glühende Patriot Jahn die von ihm initiierte Turnerbewegung mit der ersehnten nationalen Erhebung. Auf dem 1811 eingerichteten Turnplatz in der Berliner »Hasenheide« sollte die preußische Jugend für den Kampf gegen das napoleonische Frankreich vorbereitet werden. Zugleich war Jahn eng in den Aufbau der studentischen Burschenschaftsbewegung eingebunden. Seine Anschauungen legte er in der Schrift *Deutsches Volkstum* (1810) dar, die neben der Erörterung einer patriotisch-freiheitlicher Pädagogik allerdings auch nationalistische und antisemitische Äußerungen enthält. Nach Kriegsende wurde er in der anschließenden Phase der Restauration der preußischen Regierung zunehmend verdächtig, die ihn schließlich als »Demagogen« in Haft nahm. Erst im Zuge der Reichsgründung von 1871 wurde er als Vorkämpfer nationaler Einheit glorifiziert, bevor im Dritten Reich die Nationalsozialisten seine historische Gestalt vereinnahmten. Büste von Georg Müller, München; Aufstellung 1928.

84. Franz Peter Schubert, Komponist, * 31.1.1797 in Lichtenthal bei Wien, † 19.11.1828 in Wien

Zusammen mit Beethoven (Nr. 65) gilt Schubert, der bereits mit 31 Jahren starb, als der Begründer der Romantischen Musik im deutschsprachigen Raum. Obwohl er in allen Bereichen der Komposition tätig wurde und zusammen mit der berühmten »Unvollendeten« acht Sinfonien schuf, beruhte Schuberts Popularität schon früh primär auf seinen zahlreichen Werken im kleinen, lyrischen Genre, den Klavierstücken und namentlich der Gattung des Kunstliedes, die er praktisch begründete und sogleich zu einem Höhepunkt führte. Unter den über 600 Liedern, die Schubert in seinem kurzen Leben vertonte, sind Gedichte der allgemein verehrten Klassiker Goethe (Nr. 56) und Schiller (Nr. 31), aber auch kontrovers beurteilter Zeitgenossen wie Heinrich Heine (Nr. 126) sowie die Texte heute wenig bekannter Dichter. Innerhalb dieses umfänglichen Kanons stehen Kompositionen von packender Dramatik neben Melodien, die mit höchster Kunst zu einem schlichten Volkston finden. Büste von August Weckbecker, München; Aufstellung 1928.

85. Johann Joseph Görres, seit 1839 von Görres, katholischer Publizist, * 25.1.1776 in Koblenz, † 29.1.1848 in München

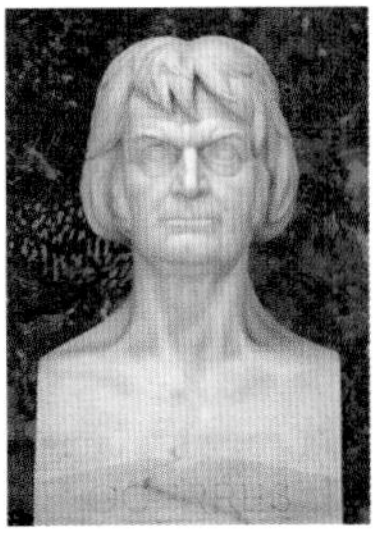

Görres begrüßte anfänglich die Französische Revolution begeistert, empfand jedoch die anschließende militärische Expansion Frankreichs unter Napoleon als Verrat an ihren Idealen, gegen den er sich mit seinen politischen Schriften wandte. Patriotisch gestimmt gab er unter dem Einfluss der Heidelberger Romantiker um Brentano die *Teutschen Volksbücher* heraus. Der 1814 von ihm in Koblenz gegründete »Rheinische Merkur«, »das erste deutsche Blatt europäischen Ansehens« (K. Buchheim), bot Gegnern Napoleons wie Blücher (Nr. 44) und dem Freiherrn vom Stein (Nr. 54) ein viel beachtetes Forum und stellte so das frühe Beispiel einer Gesinnungspresse dar. Nach Ende der Befreiungskriege musste Görres in den Restaurationsjahren als Verfechter nun verfemter liberaler und großdeutscher Ideen aus seiner preußisch gewordenen Heimat nach Straßburg fliehen und wandte sich in dieser Krisenzeit verstärkt der katholischen Publizistik zu. 1827 von Ludwig I. als Universitätslehrer nach München berufen, wurde sein Kreis dort zu einem Brennpunkt des politischen Katholizismus in Deutschland. Büste von Georg Mattes, München; Aufstellung 1931.

86. Anton Bruckner, Komponist, * 4.9.1824 in Ansfelden (Österreich), † 11.10.1896 in Wien

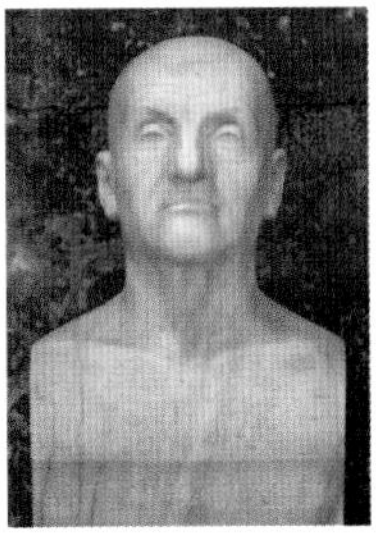

Bruckner, der lange Jahre an seiner künstlerischen Berufung zweifelte, blieb in seinem musikalischen Schaffen zeitlebens ein Einzelgänger. Früh schon als Orgelvirtuose gerühmt, wurde für seinen weiteren kompositorischen Werdegang vor allem die Entdeckung der sinfonischen Orchestermusik sowie die Begegnung mit dem Werk Wagners (Nr. 76) in den 1860er-Jahren bedeutungsvoll. In Bruckners Kompositionen fügen sich altmeisterliche Satztechnik und moderne Klangführung innerhalb der romantischen Musik des 19. Jahrhunderts zu einer eigenständigen Synthese zusammen, die einflussreich werden sollte. Die klangliche Monumentalität seiner Tondichtungen, die einen großen Orchesterapparat fordert, findet in den von ihm favorisierten Gattungen Sinfonie und Messe ihre adäquate Ausdrucksform und führt diese zu einem neuen gestalterischen Höhepunkt. Büste von Adolf Rothenburger, München; Aufstellung 1937.

87. Max Reger, Komponist, * 19.3.1873 in Brand (Oberpfalz), † 11.5.1916 in Leipzig

Schon früh erregte Max Reger zunächst mit seinen expressiven Orgelkompositionen Aufsehen. In den ersten Jahren des 20. Jahrhunderts entwickelte er sich schließlich zum bedeutendsten Vertreter der zeitgenössischen deutschen Musik neben Richard Strauss (Nr. 107). Er hatte in dieser Zeit Positionen am Leipziger Konservatorium und an der berühmten Meininger Hofkapelle inne. Ausgehend von seiner Vorliebe für das Werk Bachs (Nr. 77) führte er wenig beachtete Gattungen der Barockmusik wie Fuge und Passacaglia weiter und schuf ebenso kühne wie technisch komplexe Choralfantasien. Die musikalische Originalität seines Werks an der Schwelle zwischen Spätromantik und Neuer Musik ließ den künstlerischen Einzelgänger Reger zu einem wichtigen Wegbereiter der Moderne werden. Auf die Kompositionen Arnold Schönbergs und Paul Hindemiths übte er wichtigen Einfluss aus. Büste von Georg Müller, München; Aufstellung 1948.

88. Maximilian Graf von Trauttmansdorff, kaiserlicher Geheimrat, Politiker und Diplomat, * 23.5.1584 in Graz, † 8.6.1650 in Wien

Während des Dreißigjährigen Kriegs war Max Graf von Trauttmansdorff ein wichtiger und loyaler Berater Kaiser Ferdinands II. sowie seines Sohns und Nachfolgers Ferdinand III. An zentralen Maßnahmen der habsburgischen Politik hatte er Anteil: So wirkte er am Abschluss des Militärbündnisses von 1619 mit dem Anführer der katholischen Liga, Herzog Maximilian I. von Bayern (Nr. 89), mit, das diesem die Kurwürde einbrachte, am Friedensschluss von Nikolsburg mit dem siebenbürgischen Fürsten Gábor Bethlen (1622) und am 1633 erfolgten Sturz des unbequem gewordenen kaiserlichen Oberbefehlshabers Wallenstein (Nr. 73). Ab 1645 fungierte Trauttmansdorff als Hauptunterhändler Ferdinands III. auf dem internationalen Friedenskongress in Münster. Er konnte jedoch in der Auseinandersetzung mit den schwedischen und französischen Delegierten die Reichsstände und die katholische Fürsten nicht hinter der Sache des habsburgischen Kaiserhauses vereinen, sodass er 1647 resigniert von seinen Ämtern zurücktrat. Büste von Johann Nepomuk Schaller, Wien 1824.

89. Maximilian I., Herzog seit 1597, Kurfürst von Bayern seit 1623, * 17.4.1573 in München, † 27.9.1651 in Ingolstadt

1597 folgte Maximilian seinem abgedankten Vater Wilhelm V. im Herrscheramt. In seiner ein halbes Jahrhundert währenden Regierung sollte dieser wohl bedeutendste Wittelsbacher auf Bayerns Thron sein Land nachhaltig prägen. Mit den Mitteln des konfessionellen Frühabsolutismus suchte der tiefreligiöse Herzog, Denken und Lebensführung seiner Untertanen im Sinne der Gegenreformation zu disziplinieren. Gleichzeitig gelang es ihm, den väterlichen Schuldenberg abzutragen, Justiz und Beamtentum zu reformieren und die Grundlagen einer international ausgerichteten Politik zu schaffen. Im gemeinsamen Kampf gegen die protestantischen Kräfte im Reich gestand Kaiser Ferdinand II. seinem Münchner Vetter 1623 schließlich die Kurwürde zu. Trotz des wechselhaften Verlaufes des Dreißigjährigen Krieges, der sich für Bayern phasenweise katastrophal entwickelte, gelang es Maximilian, an dieser Rangerhöhung festzuhalten, die künftigen Einfluss und weiteren Aufstieg seines Hauses bedeutete. Büste von Heinrich Maximilian Imhof, Rom 1832.

90. Amalie Elisabeth, Landgräfin von Hessen-Kassel, * 29.1.1602 in Hanau, † 8.8.1651 in Kassel

Nach dem Tod ihres Gemahls Wilhelm V., der durch seine engagierte Unterstützung der protestantischen Kriegspartei die kaiserliche Acht auf sich gezogen hatte, übernahm Amalie von 1637 bis 1650 die Vormundschaftsregierung für ihren minderjährigen Sohn Wilhelm (VI.), dessen Erbe aufgrund der väterlichen Ächtung gefährdet schien. Aus ihrer anfänglich politisch isolierten Position heraus gelang es der Regentin, Titel und Territorium gegenüber den Ansprüchen Georgs II. von Hessen-Darmstadt zu verteidigen und als Verbündete Frankreichs Hessen-Kassel erneut als protestantische Führungsmacht im Reich zu etablieren. Seit 1645 sprach sie im Kreis der Unterhändler des Westfälischen Friedens mit und konnte ihrem Sohn das gefährdete Fürstentum Hersfeld, die Grafschaft Hanau sowie einen Teil Schaumburgs sichern. Gleichfalls unterstützte sie auf dem Friedenskongress den Kampf der Calvinisten, denen sie selbst angehörte, um die Gleichberechtigung mit den Lutheranern. Büste von Christian Friedrich Tieck, Carrara 1817.

91. Maarten Harpertszoon Tromp, niederländischer Admiral, * 23.4.1598 in Den Briel, † 10.8.1653 in Ter-Heijde bei Scheveningen

Der schon früh als idealer Flottenführer verehrte und von seinen Mannschaften liebevoll »Bestevaêr« (Großvater) genannte Tromp wurde 40-jährig zum holländischen Admiralsleutnant ernannt. Als Marine-Oberbefehlshaber der bedeutendsten europäischen Seemacht seiner Zeit suchte er zunächst die Freibeuter von Dünkirchen, die den niederländischen Handel bedrohten, auszuschalten. Seinen größten militärischen Erfolg errang er jedoch im Herbst 1639, als er im Ärmelkanal die zahlenmäßig überlegene spanische Flotte auf ihrem Weg nach Flandern vernichtete. Allerdings vermochte dieser Sieg Tromps, einer der größten niederländischen Triumphe im achtzigjährigen Unabhängigkeitskrieg, nicht den schleichenden Verlust der holländischen Vorrangstellung gegenüber der britischen Marine aufzuhalten. In der letzten Schlacht des Seekrieges (1652–1654), der Englands Aufstieg zur dominierenden Nation auf den Weltmeeren begründete, fiel Tromp. Büste von Matthieu Kessels, Rom 1825.

92. Paris Graf von Lodron, Fürstbischof von Salzburg seit 1619, * 13.2.1586 in Castel Noarna bei Rovereto, † 15.12.1663 in Salzburg

Bereits von Fürstbischof Markus Sittikus als Verwalter des Bistums bestellt, wurde der gleichermaßen erfahrene wie politisch versierte Lodron vom Salzburger Domkapitel im November 1619 zu dessen Nachfolger gewählt. Durch eine geschickte Neutralitätspolitik bewahrte der neue Landesherr sein Herrschaftsgebiet weitgehend vor den Stürmen des beginnenden Dreißigjährigen Krieges. Gleichwohl wurde Salzburg in seinem Auftrag zu einer Festungsstadt nach Vorbildern der venezianischen Terra ferma ausgebaut und so zu einem Zufluchtsort, der beispielsweise dem von den Schweden aus München vertriebenen Kurfürsten Maximilian I. (Nr. 89) Schutz bot. Auch gelang es Lodron trotz der umgebenden Kriegswirren, sowohl 1622 die Salzburger Universität zu eröffnen als auch den barocken Umbau des Doms, der die erfolgreiche Rekatholisierung des Fürsterzbistums symbolisierte, bis 1628 zu vollenden. Büste von Konrad Eberhard, Rom 1814.

93. Frans Snyders, flämischer Maler,
* 11.11.1579 in Antwerpen, †19.8.1657 in Antwerpen

Frans Snyders, der ab 1610 regelmäßig mit Rubens (Nr. 80) zusammenarbeitete, gilt als einer der wichtigsten Begründer der niederländischen Stillleben- und Tiermalerei des 17. Jahrhunderts. Über ältere Vorläufer wie Pieter Aertsen und Joachim Beuckelaer ging er in seinen vitalen Darstellungen hinaus. So vermochte er in über fünf Schaffensjahrzehnten seinem Thema wichtige Impulse zu vermitteln und es als eigenständige Bildgattung zu etablieren. Snyders' vitale Früchte- und Blumenstücke, die dekorativ aufgebauten Darstellungen erlegten Wilds und die dichten Bildkompositionen seiner dramatischen Tierjagden belegen beispielhaft die charakteristische Faszination, die die differenzierte, vielfältige Stofflichkeit der sichtbaren Welt auf die niederländischen Barockmaler ausübte und deren sinnliche Anmutung sie auf die Leinwand zu übertragen versuchten. Büste von Christian Daniel Rauch, München/Rom 1814.

94. Adalbert Stifter, österreichischer Schriftsteller, Lyriker und Maler, * 23.10.1805 in Oberplan (Böhmerwald), † 28.1.1868 in Linz

Seinen Durchbruch erzielte Stifter, einer der bedeutendsten Autoren des Biedermeier, 1842 mit seinem Roman *Abdias*. Im gleichen Jahr wurde er oberösterreichischer Landeskonservator in der noch jungen staatlichen Denkmalpflege. Als solcher erwarb er sich durch Popularisierung und Schutz regionaler Kunstwerke wie dem Kefermarkter Flügelaltar bleibende Verdienste. Zu seinen wichtigsten literarischen Werken gehört der *Nachsommer* (1857), einer der großen Bildungsromane des 19. Jahrhunderts. Stifters Stil prägt eine meisterhafte, in ihrer Art neue Form und Dichte der Landschaftsbeschreibung. Konkrete Vorlagen seiner symbolträchtigen und bildmächtigen Naturschilderungen bot in vielen Fällen die geliebte Gegend des heimatlichen Mühlviertels im Grenzgebiet zwischen Bayern, Böhmen und Österreich, was Stifters Ruf lange Zeit auf den eines »Heimatdichters des Böhmerwaldes« reduzierte. Dies verkannte aber die darüber hinausweisende Bedeutung des Schriftstellers, dessen Sprache noch für Literaten der Wiener Moderne wie Hugo von Hofmannsthal vorbildhaft wurde. Büste von Otto Herbert Hajek, Stuttgart; Aufstellung 1954.

95. Joseph Freiherr von Eichendorff, Dichter,
* 10.3.1877 in Lubowitz (Schlesien), † 26.11.1857 in Neisse

Schon während seines Jurastudiums in Heidelberg fand Eichendorff Zugang zu dem dort wirkenden Romantiker-Kreis um Arnim und Brentano, wo vor allem Joseph Görres (Nr. 85) den jungen Dichter beeinflusste. Nach seiner Teilnahme an den Freiheitskriegen trat Eichendorff ins preußische Kultusministerium ein. In den äußerlich ruhigen Jahren des Beamtenlebens entstanden zahlreiche Gedichte und Novellen, darunter das Prosa-Hauptwerk *Aus dem Leben eines Taugenichts* (1826). Eichendorff bringt in seiner Dichtung die literarische Romantik zu einem Abschluss: In bewusster Abgrenzung von der Auffassung seiner Vorgänger überführte er das in den Arbeiten der frühen Romantiker vorherrschende National- und Vorzeitgefühl in seiner Lyrik, die nur einen relativ kleinen Fundus wiederkehrender Motive und Naturbilder sowie die melancholische Idee einer verlorenen Heimat variiert, in ein christlich inspiriertes Weltbild. Die Musikalität seiner Sprache regte zu zahlreichen Vertonungen seiner Gedichte an. Büste von Richard Knecht, München; Aufstellung 1957.

96. Wilhelm Conrad Röntgen, Physiker,
* 27.3.1845 in Lennep, † 10.2.1923 in München

Nach Lehr- und Forschungsjahren in Straßburg und Gießen wurde Röntgen vom bayerischen Prinzregenten Luitpold 1888 als Professor an das Physikalische Institut der Würzburger Universität berufen. Dort entdeckte er 1895 im Rahmen eines Experiments zunächst zufällig die sogenannte X- oder »Röntgen«-Strahlung. Mit der Veröffentlichung und exakten Beschreibung dieses bis dato unbekannten physikalischen Phänomens revolutionierte und erweiterte Röntgen sein Fach grundlegend, da sich diese elektromagnetischen Wellen mit den Mitteln der klassischen Physik nicht erklären ließen. Auf seinen Erkenntnissen aufbauende Forschungen führten zu weiteren bahnbrechenden Entdeckungen wie der der Radioaktivität. Röntgens großzügiger Verzicht auf die Patentierung der von ihm entwickelten Vorform des Röntgenapparats ermöglichte dessen rasche Verbreitung und praktische Anwendung im Bereich der medizinischen Diagnostik. 1901 erhielt er als erster Physiker den Nobelpreis. Büste von Adolf Rothenburger, München; Aufstellung 1959.

97. Max Pettenkofer, seit 1883 von Pettenkofer, Chemiker und Mediziner, * 3.12.1818 in Lichtenheim bei Neuburg a. d. Donau, † 10.2.1901 in München

1847 übernahm Pettenkofer in München den neu eingerichteten Lehrstuhl für medizinische Chemie und wenige Jahre später die Leitung der Münchner Hofapotheke. Unter dem Eindruck der verheerenden Cholera-Epidemie von 1854 begann er mit der sanitären Sanierung Münchens. Die zentrale Versorgung der Bevölkerung mit Trinkwasser, kombiniert mit einem effizienten Abwassersystem, führte zu einem radikalen Rückgang der bis dato noch häufigen Typhus-Todesfälle. Nicht zuletzt dieser Erfolg ermöglichte die Gründung eines eigenen Münchner Hygieneinstituts, dem Pettenkofer ab 1879 vorstand. Zwar negierte er die Bedeutung von Robert Kochs Forschungen, der als maßgeblichen Grund für die Seuchenverbreitung die Bazillenübertragung erkannt hatte, dennoch bleibt es Pettenkofers Verdienst, die Hygiene erstmals und nachhaltig als relevantes Gebiet wissenschaftlicher Forschung international etabliert zu haben. Büste von Anton Fiedler, Rom; Aufstellung 1962.

98. Jakob Fugger, gen. »der Reiche«, Handelsherr, * 6.3.1459 in Augsburg, † 30.12.1525 in Augsburg

Zu Beginn des 16. Jahrhunderts war dieser bedeutendste Spross des seit Generationen expandierenden Augsburger Handelshauses Fugger der größte Kaufherr und Bankier im frühneuzeitlichen Europa. Er führte die Firma als internationalen Konzern mit einem dichten Netz von Faktoreien, dessen Rückgrat ein zeitweise den ganzen Kontinent umspannendes Kupfermonopol bildete. Als Bankier von Fürsten und Päpsten beeinflusste der Fugger die europäische Politik. So unterstützte er Kaiser Maximilian I. (Nr. 36) und finanzierte 1519 die Wahl von dessen Enkel und Nachfolger Karl V. (Nr. 59) zum römisch-deutschen König, da er im Aufstieg des Hauses Habsburg nicht nur die Zukunft der Christenheit, sondern auch seiner eigenen Firma sah. Zu Hause suchte der »riche man« durch soziale Stiftungen und repräsentative Bauten das Prestige seiner Familie zu mehren. Zu Jakobs Projekten zählen die prachtvolle Renaissance-Familiengrablege in der Augsburger Annakirche und die nahe gelegene »Fuggerei«, die erste Sozialsiedlung im deutschen Sprachraum. Büste von Hans Ladner, München; Aufstellung 7.7.1967.

99. Karl X. Gustav, König von Schweden seit 1654, * 8.11.1622 in Nyköping, † 13.2.1660 in Göteborg

Als Verwandter der herrschenden Wasa-Dynastie wurde Karl, protestantischer Prinz aus einer Nebenlinie der pfälzischen Wittelsbacher, 1649 zum Erben der Königin Christine von Schweden bestimmt. Nach der Abdankung seiner Cousine 1654 erlangte er den Thron und bemühte sich zunächst, die maroden schwedischen Staatsfinanzen zu sanieren. Schon in den letzten Jahren des Dreißigjährigen Krieges hatte er als Feldherr militärische Erfolge für die von Schweden unterstützte protestantische Partei im Reich errungen. Als König gelang es ihm, im Zweiten Nordischen Krieg (1655–1661) den polnisch-litauischen König abzuwehren und später im Vertrag von Oliva (1660) den schwedischen Einfluss in Livland zu sichern. Seine dänischen Gegner überrumpelte er mit einem Einmarsch über die vereiste Meerenge hinweg und erreichte den Frieden von Roskilde (1658), dessen Abschluss Schweden die größte territoriale Ausdehnung seiner Geschichte bescherte. Büste von Christian Friedrich Tieck, Carrara 1816.

100. Johann Philipp von Schönborn, Kurfürst und Erzbischof von Mainz und Würzburg, * 6.8.1605 in Eschbach, † 12.2.1673 in Würzburg

Am Ausgang des Dreißigjährigen Krieges wurde Schönborn 1647 zum Mainzer Kurfürst-Erzbischof gewählt und amtierte als Reichskanzler. In dieser wichtigen Position nahm er am Westfälischen Friedenskongress teil und vertrat eine pragmatische Friedenspolitik, für die er bereit war, den Protestanten Zugeständnisse zu machen. Die kleinen Reichsstände und geistlichen Herrschaften, die sich von den Ansprüchen der Habsburger Kaiser sowie der größeren Fürsten bedroht sahen, versammelte er 1658 in der als Gegengewicht konzipierten, überkonfessionellen Rheinischen Allianz. In seinen Bistümern investierte Schönborn in Sanierung und Wiederaufbau und entfaltete eine rege Bautätigkeit. In der Hoffnung auf eine künftige Wiedervereinigung der Konfessionen praktizierte er eine weitreichende Toleranzpolitik gegenüber den Protestanten. Auch verbot er unter dem Einfluss Friedrich Spees als erster deutscher Fürst die Hexenverfolgung. Noch zu Lebzeiten wurde ihm der Ehrentitel des »deutschen Salomo« verliehen. Büste von Christian Friedrich Tieck, Carrara 1818.

101. Ernst, Herzog von Sachsen-Gotha-Altenburg, gen. »der Fromme«, * 25.12.1601 in Altenburg, † 26.3.1675 in Schloss Friedenstein bei Gotha

Der ältere Bruder des berühmten Feldherrn Bernhard von Sachsen-Weimar (Nr. 79) diente wie dieser zunächst im Dreißigjährigen Krieg, bevor er aus dem ihm zugefallenen Ernestinischen Familienerbe das Herzogtum Sachsen-Gotha-Altenburg begründete. Im Wiederaufbau seiner kriegsversehrten Ländereien fand der tiefreligiöse, dabei nüchtern-pragmatische Herzog Ernst seine Lebensaufgabe, wobei ihn die ältere Idee des Patrimonialstaats leitete. Angesichts der von ihm als grundlegend erachteten Einheit von lutherischer Kirche und weltlichem Staat sah der Herzog seine vornehmste Pflicht darin, die Untertanen in Verantwortung vor Gott zu erziehen. Diesem Zweck dienten in erster Linie die von ihm betriebene Erneuerung des Unterrichtswesens und die zukunftsweisende Einführung der Schulpflicht (1642). Aufbau und Verordnung der unter seiner Herrschaft reformierten Justiz und Landesbehörden prägten die Gotha'schen Nachfolgestaaten noch bis ins 19. Jahrhundert und fanden Eingang in den 1655 von Veit Ludwig von Seckendorff beschriebenen idealen *Teutschen Fürstenstaat*. Büste von Christian Friedrich Tieck, Carrara 1815.

102. Michiel Adriaenszoon de Ruyter, niederländischer Admiral, * 24.3.1607 in Vlissingen, † 29.4.1676 vor Syrakus

Nach abenteuerlichen Dienstjahren auf verschiedenen Kriegs- und Handelsschiffen wurde Michiel Adriaenszoon de Ruyter beim Ausbruch des Zweiten Seekriegs zwischen England und den Niederlanden (1665–1667) zum Flottenbefehlshaber ernannt. Der Sieg in der »Viertagesschlacht« im Juni 1666 und die tollkühne Fahrt die Themse hinauf bis vor die Tore des entsetzten Londons ein Jahr später zählten zu seinen größten Erfolgen. Auch im folgenden Krieg (1672–1674) blieb Ruyter bei Solebay und Texel gegen die Engländer siegreich, 1675 wurde er in Anerkennung seiner militärischen Verdienste zum General-Admiralleutnant ernannt. Doch schon im folgenden Jahr wurde Ruyter im Kampf gegen die mit den bekriegten Engländern verbündeten Franzosen unter Admiral Duquesne vor Syrakus tödlich verwundet. Büste von Christian Friedrich Tieck, Carrara 1817.

103. Otto von Guericke, Naturforscher,
* 20.11.1602 in Magdeburg , † 11.5.1686 in Hamburg

Obwohl früh der Mathematik und Physik zugewandt, war der spätere Bürgermeister von Magdeburg zunächst als Diplomat und Ingenieur tätig, der Wiederaufbau und Neubefestigung seiner im Dreißigjährigen Krieg zerstörten Heimatstadt organisierte. Zum bedeutenden Vertreter der experimentellen Naturwissenschaft wurde Guericke durch seine pneumatischen Untersuchungen, die er ab circa 1645 verfolgte. Auf der Spur des bis dato von der Wissenschaft aus philosophischen Gründen geleugneten Vakuums erfand er 1649 die Kolbenvakuumluftpumpe und konnte die Wirkung des Luftdrucks nachweisen, die er eindrucksvoll in öffentlichen Experimenten demonstrierte. Besonders seine »Magdeburger Halbkugeln« (1657) erlangten Berühmtheit, die, luftleer gepumpt, acht Pferdepaare nicht auseinanderreißen konnten. Mit Wettervorhersagen mittels Barometer setzte Guericke zudem einen wichtigen Meilenstein auf dem Weg zur künftigen Meteorologie. Büste von Johann Balthasar Jacob Rathgeber, Gotha 1811.

104. Friedrich Wilhelm, gen. der »Große Kurfürst«, Kurfürst von Brandenburg, * 16.2.1620 in Berlin, † 9.5.1688 in Potsdam

1640 trat der junge Hohenzoller die Regierung in seinen vom Dreißigjährigen Krieg ausgebluteten, rechtlich ungleich organisierten und räumlich voneinander getrennten Territorien an. Unermüdlich förderte er den Landesausbau durch die Gründung von Gewerben und Manufakturen, die ersten Anfänge einer kolonialen Handelspolitik sowie die Ansiedelung der aus Frankreich vertriebenen Hugenotten. Im Geiste des Absolutismus drängte er den Einfluss der Landstände zurück. Außenpolitisch orientierte er sich an einer pragmatischen Staatsräson, die auch vor häufigen Bündniswechseln nicht zurückschreckte. Der gegen zahlreiche Widerstände durchgesetzte Aufbau und Unterhalt eines stehenden Heeres legte die militärische Grundlage für den künftigen Aufstieg Brandenburg-Preußens zur europäischen Großmacht. Nach seinem Sieg bei Fehrbellin (1675), der die bis dato unbestrittene Vormacht der schwedischen Armee brach, wurde ihm der Ehrentitel des »Großen Kurfürsten« verliehen. Büste von Ludwig Wilhelm Wichmann, Berlin 1828.

105. Karl V. Leopold, Herzog von Lothringen, kaiserlicher Feldherr, * 5.4.1643 in Wien, † 18.4.1690 in Wels

Als »Herzog ohne Herzogtum« (sein Heimatland Lothringen hielt der französische König Ludwig XIV. besetzt) machte Karl, der 1678 die Schwester Kaiser Leopolds I. heiratete, als Feldmarschall der Habsburger in den Türkenkriegen Karriere: 1683 organisierte er erfolgreich die Aufhebung der zweiten Türkenbelagerung Wiens. Die Schlacht am Kahlenberg 1683 setzte der Bedrohung Mitteleuropas durch die Armeen des Osmanischen Reichs ein Ende. Im Zuge dauernder Konflikte mit den anderen Heerführern, namentlich dem ehrgeizigen bayerischen Kurfürsten Max Emanuel, wurde Karl, den man zudem als einzigen kaiserlichen Oberbefehlshaber den vorrückenden Generälen Ludwigs XIV. gewachsen glaubte, 1688 an die Rheinfront beordert. Hier gelang es ihm, Mainz und Bonn von den Franzosen zurückzuerobern, bevor ein überraschender Tod die Laufbahn dieses bedeutenden kaiserlichen Feldherrn des späten 17. Jahrhundert beendete. Büste von Christian Daniel Rauch, Rom 1817.

106. Jean Paul (eigentlich Johann Paul Friedrich Richter), Schriftsteller, * 21.3.1763 in Wunsiedel, † 14.11.1825 in Bayreuth

Der Dichter, der seinen Vornamen 1793 in programmatischer Verneigung vor dem Aufklärer und Pädagogen Jean-Jacques Rousseau französisierte, wuchs in ärmlichen Verhältnissen auf. Der künstlerische Durchbruch gelang ihm 1795 mit dem Roman *Hesperus*, der sich rasch zum erfolgreichsten Buch seit Goethes (Nr. 56) *Werther* entwickelte und Jean Paul zeitweilig zu einem der meistgelesenen deutschen Autoren machte. Mit seinen späten Hauptwerken, den Romanen *Titan* (1800/03) und *Flegeljahre* (1804/05) konnte der seit 1804 zurückgezogen in Bayreuth lebende Schriftsteller das Publikum indes nicht mehr in gleichem Maße begeistern. In seinen Büchern treibt Jean Paul die romantische Tendenz, die formale Ordnung des Textes in eine Abfolge von Episoden, Reflexionen und gewollten Abschweifungen aufzulösen, kunstvoll auf die Spitze, sodass der Roman immer auch als künstlerisches »Selbstgespräch« (A.W. Schlegel) erscheint. Sein Werk besetzt einen eigenständigen Platz zwischen Klassik und Romantik. Büste von Otto Sonnleitner, Würzburg; Aufstellung 1973.

107. Richard Strauss, Komponist und Dirigent, * 11.6.1864 in München, † 8.9.1949 in Garmisch-Partenkirchen

Früh gefördert von den namhaften Orchesterleitern seiner Zeit, brachte eine steile Karriere Strauss an die Spitze der führenden Opernhäuser des deutschsprachigen Raums, darunter München (1886–1889), Berlin (1898–1919) und Wien (1919–1924). In Fortsetzung der von Liszt propagierten sinfonischen Dichtung schuf Strauss zunächst herausragende Programmmusik, in der er den Orchesterstil des bewunderten Wagner (Nr. 76) verarbeitete. Um die Jahrhundertwende wandte er sich verstärkt der Opernkomposition zu. Hugo von Hofmannsthal, bedeutender Vertreter der literarischen Wiener Moderne, verfasste zahlreiche Libretti für Strauss. Aus der fruchtbaren Zusammenarbeit gingen unter anderem *Elektra* (1909), *Rosenkavalier* (1911) und *Frau ohne Schatten* (1919) hervor, die bis heute zu den international meistaufgeführten Opern zählen. Kontrovers wird Strauss' Rolle in den Jahren des Nationalsozialismus diskutiert, in denen er von 1933 bis 1935 der Reichsmusikkammer als Präsident vorstand. Büste von Franz Mikorey, München; Aufstellung 1973.

108. Carl Maria von Weber, Komponist, * 19.11.1786 in Eutin, † 5.6.1826 in London

Weber, der bereits mit 40 Jahren während der Aufführungen seiner Oper *Oberon* in London verstarb, gilt als einer der frühesten und bedeutendsten Vertreter der romantischen Musik. Nach Anfängen als Leiter des Prager Opernhauses wechselte er nach Berlin und wirkte ab 1817 an der Dresdener Oper, wo er neben dem etablierten italienischen ein genuin deutsches Musiktheater ins Leben zu rufen versuchte. Seinen größten Erfolg erzielte er mit seiner Oper *Der Freischütz* (1821). Das im Böhmerwald angesiedelte Drama eines Teufelspakts, der in der berühmten »Wolfsschluchtszene« geschlossen, aber durch die Macht der Liebe wieder aufgehoben wird, feierten die Zeitgenossen als erste »deutsche Nationaloper«. Webers Schaffen beeinflusste nachhaltig die folgende Generation deutscher Opernkomponisten, namentlich Marschner, Meyerbeer und Wagner (Nr. 76), dem sich in Webers *Euryanthe* erste Vorbilder der von ihm später umfänglich eingesetzten musikalischen Leitmotive boten. Büste von Hermann Schorer, Nürnberg; Aufstellung 1978.

109. Gregor Mendel (Taufname Johann), Augustinerabt, Naturwissenschaftler, * 22.7.1822 in Heinzendorf (Mähren), † 6.1.1884 in Brünn

Mit jahrelangen Kreuzungen von Erbsenpflanzen, die er von 1856 bis 1863 im Brünner Klostergarten unternahm und statistisch auswertete, wurde Mendel zum Begründer der Vererbungslehre als neuer biologischer Disziplin und zum wissenschaftlichen Stammvater genetischer Forschung. Die von dem mährischen Mönch aufgestellten »Mendel'schen Regeln« beschrieben erstmals allgemein und mathematisch fassbar das Verhalten der von ihrem Entdecker noch als »Elemente« bezeichneten Gene als Merkmalsträger, die sich im Lauf der Vererbung weder vermischen noch gegenseitig verändern. Obwohl bereits 1865 publiziert, wurde die Bedeutung von Mendels Entdeckungen erst im frühen 20. Jahrhundert erkannt und mit der Evolutionstheorie Charles Darwins, Mendels zu Lebzeiten ungleich bekannterem Zeitgenossen, ins Verhältnis gesetzt. Büste von Leopold Hafner, Aicha vorm Wald; Aufstellung 1983.

110. Albert Einstein, Physiker, * 14.3.1879 in Ulm, † 18.4.1955 in Princeton (USA)

Als junger Angestellter des schweizerischen Patentamts in Bern legte Einstein 1905 mit zwei bahnbrechenden Arbeiten zur speziellen Relativitätstheorie und der Quantenmechanik die Grundlagen für seine späteren Forschungen. Mit diesen Beiträgen zur theoretischen Physik erregte er schnell höchstes Aufsehen in der internationalen Fachwelt. 1913 wurde er Direktor des Physikalischen Instituts an der Preußischen Akademie der Wissenschaften in Berlin, wo er bis 1915 sein Hauptwerk, die *Allgemeine Relativitätstheorie,* ausarbeitete. 1921 erhielt Einstein für die Entdeckung des Gesetzes des Fotoelektrischen Effekts den Nobelpreis. Gleichwohl wurde er als Jude, bekennender Pazifist und Sympathisant sozialistischer Ideen durch das aufkommende Naziregime geächtet und 1934 ausgebürgert. Schon 1932, kurz vor Hitlers Machtergreifung, war Einstein ins amerikanische Princeton emigriert, wo er sein wissenschaftliches Werk fortsetzte. Seine Forschungen zu Zeit, Raum, Materie und Gravitation revolutionierten nachhaltig das physikalische Weltbild. Er gilt als der bedeutendste Physiker seit Newton, wenn nicht der Geschichte. Büste von Wilhelm Uhlig, Nürnberg; Aufstellung 1990.

111. Wilhelm III. von Oranien, König von England seit 1689, * 14.11.1650 in Den Haag, † 19.3.1702 in London

Wilhelm, Enkel des englischen Königs Karl I., wurde 1672 angesichts der Bedrohung durch die Armeen Ludwigs XIV. zum Statthalter der Niederlande ernannt. Als neuer Oberbefehlshaber konnte er im Kampf gegen Frankreich die niederländische Unabhängigkeit erhalten. 1677 heiratete er seine Cousine Maria (II.) Stuart, Tochter des englischen Königs Jakob II., der als Katholik bei der Mehrheit seiner protestantischen Untertanen unpopulär war. Unterstützt von einflussreichen politischen und religiösen Gruppen konnte Wilhelm daher 1688 in der »Glorreichen Revolution« seinen Schwiegervater absetzen. Mit der Unterzeichnung der »Bill of Rights«, die das parlamentarische Regierungssystem in England festschrieb, sicherte er sich 1689 die Krone, bis zu Marias Tod (1694) in Personalunion mit seiner Gemahlin. Im Kampf gegen die französischen Hegemonialbestrebungen bildete er das Herz der gegen Ludwig XIV. gerichteten internationalen Allianz und verfocht das politische Modell eines europäischen Gleichgewichts. Büste von Johann Nepomuk Haller, München 1816.

112. Ludwig Wilhelm I., gen. »der Türkenlouis«, Markgraf von Baden-Baden, * 8.4.1655 in Paris, † 4.1.1707 in Rastatt

Als junger Mann diente Ludwig im Reichskrieg gegen Frankreich. Er zeichnete sich 1683 während der Schlacht am Kahlenberg aus, die die zweite Türkenbelagerung Wiens beendete. Auch in den Feldzügen gegen die osmanischen Truppen tat sich der Markgraf, von seinen Gegnern respektvoll »der rote König« genannt, hervor: Er führte 1685 die Erstürmung Grans an und schlug 1688 bei Dervent die zahlenmäßig überlegene Armee des Paschas von Bosnien. 1691 besiegte er die unter Großwesir Mustafa Köprülü wiedererstarkten Türken bei Szlankamen, ein Triumph, der die Gefährdung der habsburgischen Länder durch das Osmanische Reich auf Jahre hinaus bannte. Weniger erfolgreich agierte der »Türkenlouis« politisch: Der wachsende Konflikt zwischen der dem Kaiser geschuldeten Loyalität und seinem Selbstbewusstsein als Reichsfürst sowie die erfolglosen Versuche, die Standeserhöhung seines Hauses durchzusetzen, zerrieben ihn früh. Büste von Max Widnmann, München 1842.

113. Gottfried Wilhelm Leibniz, Philosoph und Mathematiker, * 1.7.1646 in Leipzig, † 14.11.1716 in Hannover

Leibniz war einer der bedeutendsten Philosophen am Übergang vom 17. zum 18. Jahrhundert. Sein vielfältiges Werk beeinflusste nicht nur die Vordenker der Aufklärung, sondern auch die Vertreter des Deutschen Idealismus sowie die Literaten der Deutschen Klassik. Als Universalgelehrter wirkte er fruchtbar auf vielen Wissensfeldern zugleich: Als Mathematiker setzte Leibniz mit seiner Weiterentwicklung des dualen Zahlensystems wichtige Impulse für die Entstehung der modernen rechnergestützten Informationstechnologie. Als Philosoph suchte er in seinen Schriften verschiedene Denkansätze miteinander zu verknüpfen und das moderne, naturwissenschaftlich-mechanistische Weltbild mit dem traditionellen christlichen in Einklang zu bringen. Eine zentrale Stellung innerhalb seines Ideengebäudes nimmt der Begriff der die Schöpfung prägenden »Harmonie« ein, die als Summe der von Gott vereinten Urbestandteile der Weltsubstanz verstanden wird. Büste von Johann Gottfried Schadow, Berlin 1808.

114. Hermann Boerhaave, Arzt und Naturforscher, * 31.12.1668 in Voorhout bei Leiden, † 23.9.1738 in Leiden

Boerhaave, der »Vater der Physiologie«, gilt als Gründer des klinischen Unterrichts und der Institution des Universitätskrankenhauses. Seit 1701 lehrte er vor einer zahlreichen internationalen Hörerschaft an der Leidener Hochschule. Seine vielfältigen medizinischen Interessen und Arbeitsgebiete umfassten die Physiologie, Pathologie und Chirurgie, daneben aber auch Chemie, Botanik, Arzneimittellehre. Gleichermaßen widmete er sich den methodologischen Problemstellungen seines Faches. Diese universellen Forschungen sorgten für die stetig wachsende, bald europaweite Verbreitung seines Rufs. Als Mitglied international renommierter Wissenschaftsgremien wie der Académie Royale des Sciences und der Royal Society zählte Boerhaave zu den bekanntesten Medizinern seiner Zeit, den Monarchen wie z.B. die russische Zarin Katharina II. (Nr. 20) konsultierten. Seine Lehre und Schriften prägten die Schulmedizin bis zum Ende des 18. Jahrhunderts. Büste von Johannes Leeb, Rom 1823.

115. Moritz von Sachsen, französischer Feldmarschall, * 28.10.1696 in Goslar, † 30.11.1750 in Chambord

Nach Anfängen im kursächsischen Heer absolvierte Moritz, ein illegitimer Sohn Augusts II., »des Starken«, von Sachsen-Polen, eine glanzvolle Militärlaufbahn in der Armee des französischen Königs Ludwig XV., der ihn 1744 zum Marschall ernannte. Lorbeeren erntete er vor allem in den Jahren des Österreichischen Erbfolgekriegs (1740–1748), in denen er auf den niederländischen Schlachtfeldern von Fontenoy, Raucoux und Laffeld Siege errang. 1746 zog sich der mit Ehren überhäufte und zum Oberbefehlshaber der eroberten Niederlande ernannte »Maréchal de Saxe« ins Privatleben zurück. Als Theoretiker des Kriegswesens, der seine strategischen Überlegungen bereits 1732 erstmals in Buchform veröffentlicht hatte, sicherte er sich einen wichtigen Platz in der Militärgeschichte des 18. Jahrhunderts. Büste von Christian Friedrich Tieck, Carrara 1813.

116. Georg Friedrich Händel, Komponist, * 23.2.1685 in Halle, † 14.4.1759 in London

Der musikalische Weltbürger Händel wirkte zunächst an der Hamburger »Oper am Gänsemarkt«, bevor er ab 1706 für mehrere Jahre in Italien die dortige Musik- und Opernszene intensiv studierte. Seine Anstellung als kurfürstlicher Hofkapellmeister in Hannover führte Händel ab 1714 in seine zukünftige Wahlheimat London, als sein Brotherr, der Welfe Georg Ludwig als Georg I. dort den englischen Thron bestieg. Neben Instrumentalmusik schuf er hier für das neu gegründete »King's Theatre« bis 1740 über 20 Opern, mit denen er den Stil der neapolitanischen »Opera seria« auf der Insel durchzusetzen versuchte. Künstlerischer Erfolg und schwere wirtschaftliche Engpässe lösten sich in der aufreibenden Arbeit für das neu gegründete Opernunternehmen in stetem Wechsel ab und zerrütteten Händels Gesundheit. Ab 1739 wandte er sich verstärkt der Komposition geistlicher Oratorien zu. In dieser von ihm künstlerisch neu aufgestellten musikalischen Gattung gelang Händel schließlich die endgültige und nachhaltige Eroberung des englischen Publikums, einsetzend mit dem Triumph seines bis heute wohl populärsten Oratoriums, dem 1742 in Dublin uraufgeführten *Messias*. Büste von Ridolfo Schadow, Rom 1815.

117. Karolina Gerhardinger (Ordensname: Maria Theresia von Jesu), Ordensgründerin, * 20.6.1797 in Regensburg-Stadtamhof, † 9.5.1879 in München

Mit der Gründung der »Armen Schulschwestern von Unserer Lieben Frau« trug Gerhardinger zu Ausbau und Weiterentwicklung des Bildungswesens für Mädchen und Frauen bei. Vom Münchner Mutterhaus, dem 1843 von Ludwig I. zur Verfügung gestellten »Angerkloster«, aus erfolgte der internationale Aufbau zahlreicher Tochterklöster, deren Mädchenschulen neben modernem Anschauungsunterricht hauswirtschaftliche und kaufmännische Fächer und Fremdsprachen im Lehrplan etablierten. Die engagiert und planvoll tätige Ordensfrau schuf die Grundlagen für die künftige Entwicklung des Realschulwesens und bot Abendschulen für Arbeiterinnen sowie »Kinderbewahranstalten« an, um Frauen zu ermöglichen, durch Ausbildung ihre wirtschaftliche und soziale Situation zu verbessern. 1865 ernannte Papst Pius IX. Gerhardinger zur Generaloberin ihrer rasch wachsenden Gemeinschaft. 1985 wurde sie von Papst Johannes Paul II. seliggesprochen. Büste von Wilhelm Uhlig, Nürnberg; Aufnahme 1998.

118. Konrad Adenauer, Bundeskanzler von 1949 bis 1963, * 5.1.1876 in Köln, † 19.4.1967 in Bad Honnef-Rhöndorf

Adenauer begann seine Karriere 1906 in der katholischen Zentrumspartei, amtierte als Kölner Oberbürgermeister und Präsident des preußischen Staatsrats, bis er von den Nationalsozialisten seiner Ämter enthoben wurde. Nach Kriegsende gehörte er zu den Begründern der CDU (Parteivorsitz 1950–1966). Als Vorsitzender des Parlamentarischen Rats arbeitete er 1948 am Grundgesetz des westdeutschen Staats mit. Von 1949 bis zu seinem Rücktritt 1963 amtierte er als erster Kanzler der jungen Bundesrepublik (1951–1955 zugleich Außenminister). Adenauers lange Amtszeit steht synonym – und ambivalent – für die deutsche Nachkriegszeit, die er markant mitprägte. Als Politiker vertrat er nach außen eine entschiedene Westbindung, deutschen NATO-Beitritt, Aussöhnung mit Frankreich und europäische Einigung, im Inneren Etablierung der Sozialen Marktwirtschaft und Antikommunismus. Damit stellte er entscheidende Weichen für die künftige Entwicklung der Bonner Republik. Büste von Gerd Weiland, Ebermannstadt; Aufnahme 1999.

119. Johannes Brahms, Komponist, * 7.5.1833 in Hamburg, † 3.4.1897 in Wien

Die musikalische Begabung des aus einfachen Verhältnissen stammenden Brahms wurde früh erkannt und gefördert, vor allem durch Robert Schumann und dessen Frau Clara, einer berühmten Pianistin, mit der Brahms eine lebenslange Freundschaft verband. Brahms, der in allen musikalischen Gattungen mit Ausnahme der Oper tätig war, vereint in der hochgradig durchgearbeiteten Struktur seiner Werke Gestaltungselemente von Hochromantik und Klassik zu eigenständigen, über beide Stile hinausweisenden Schöpfungen, die seinen Ruf als einen der bedeutendsten Komponisten in der zweiten Hälfte des 19. Jahrhunderts begründeten. In dem um 1860 ausgebrochenen »Musikstreit« wurde der Komponist von den Wahrern der Tradition zum hauptsächlichen Opponenten der Neudeutschen Schule und der durch ihre Häupter, Liszt und Wagner (Nr. 76), vertretenen Programmmusik aufgebaut. Büste von Milan Knobloch, Prag; Aufstellung 2000.

120. Carl Friedrich Gauß, Mathematiker, Astronom, Geodät, Physiker, * 30. 4.1777 in Braunschweig, † 23.2.1855 in Göttingen

Gauß wurde schon früh als mathematisches Genie erkannt und leistete später Bahnbrechendes sowohl auf mathematischem wie physikalischem Gebiet. Mit 18 Jahren legte er den Grund für die moderne Ausgleichungsrechnung und schuf mit seiner »Methode der kleinsten Quadrate«, mittels derer er die Bahn des Planetoiden Ceres bestimmte, die Basis für eine Weiterentwicklung der Statistik. Seit 1807 Direktor der Göttinger Sternwarte, publizierte Gauß über die höhere Arithmetik, Differenzialgeometrie und Himmelsmechanik. Ab 1820 war er mit der Vermessung des Königreichs Hannover betraut. Dabei entwickelte er das Heliotrop, das eine verbesserte Winkelmessung ermöglichte, und legte erste, zunächst unveröffentlichte Gedanken über eine nichteuklidische Geometrie nieder. 1833 gelang ihm zusammen mit Wilhelm Weber die Konstruktion des ersten elektromagnetischen Telegrafen. Als bedeutendster zeitgenössischer Vertreter sowohl einer reinen wie der angewandten Mathematik wurde Gauß bereits in seinem Todesjahr als »Princeps Mathematicorum« geehrt. Büste von Georg Arfmann, Königslutter; Aufnahme 2007.

121. Edith Stein (Ordensname: Teresia Benedicta vom Kreuz), Philosophin, Karmeliterin, * 12.10.1891 in Breslau, † 9.8.1942 in Auschwitz-Birkenau

Stein studierte ab 1911 Psychologie, Philosophie, Germanistik und Geschichte, promovierte 1916, durfte sich als Frau aber nicht habilitieren. Beeindruckt vom Leben und Werk der spanischen Ordensgründerin Teresa von Ávila trat die Tochter einer wohlhabenden jüdischen Familie 1922 zum Katholizismus über und wirkte in der Folge als Lehrerin und Dozentin, die sich zudem in der Frauenemanzipation engagierte. Nach Hitlers Machtübernahme trat Stein in den Karmeliterorden ein und zog sich in ein Kölner Kloster zurück. Vergeblich versuchte sie, Papst Pius XI. zu einer Stellungnahme gegen die nationalsozialistischen Judenpogrome zu bewegen. 1942 wurde die Nonne mit ihrer Schwester Rosa verhaftet und in Auschwitz ermordet. 1998 sprach Papst Johannes Paul II. Edith Stein heilig und erklärte sie zur Patronin Europas; ihre Kanonisierung wird von der katholischen Kirche als Zeichen der Versöhnung mit dem Judentum aufgefasst. Büste von Johann Brunner, Surberg; Aufnahme 2009.

122. Nikolaus Ludwig Graf von Zinzendorf, Begründer der Herrnhuter Brüdergemeine (auf Büste: Brüdergemeinde), * 26.5.1700 in Dresden, † 9.5.1760 in Herrnhut

Der religiös stark vom Pietismus geprägte Zinzendorf nahm ab 1722 in seinem Herrensitz Berthelsdorf in der Lausitz mährische Glaubensflüchtlinge auf. Diese gründeten, in der Nachfolge der »Böhmischen Brüder«, einem Zweig der zerschlagenen hussitischen Reformationsbewegung, mit Zinzendorfs Hilfe die kirchlich eigenständige Herrnhuter Brüdergemeine. Mittelpunkt der Gemeinschaft, in der Zinzendorf als Laienprediger und Bischof wirkte, bildeten der Glaube an die Rechtfertigung des Sünders dank Christi Opfertod, die ausgeprägte Heilandsliebe, die sich auch in Zinzendorfs Gedichten und Liedern spiegelt, sowie die Missionsarbeit. Die konfessionsübergreifende Öffnung der Herrnhuter Gemeine machte Zinzendorf, der trotz zahlreicher Anfeindungen stets den interkonfessionellen Austausch und das Zusammenwirken anstrebte, zu einem wichtigen Vordenker der neuzeitlichen kirchlichen Ökumene. Büste von Christian Friedrich Tieck, Carrara 1818.

123. Burkhard Christoph Graf von Münnich, russischer Feldmarschall und Staatsmann, * 9.5.1683 in Neuenhuntorf (Oldenburg), † 16.10.1767 in Sankt Petersburg

Als ausgebildeter Militäringenieur folgte Münnich dem Ruf Zar Peters I., »des Großen«, und leitete am russischen Ladogasee den Bau des längsten Schiffskanals seiner Zeit (1723–1732). Nach dem Tod Peters I. 1725 gelang es Münnich, im Zuge der rasch folgenden Thronwechsel die höchsten russischen Staatsämter zu besetzen. Unter Zarin Anna Iwanowna stieg er 1732 zum Präsident des Kriegskollegiums und Generalfeldmarschall auf. Er reformierte die russische Armee nach preußischem Vorbild und konnte mit den reorganisierten Truppen im Krieg gegen das Osmanische Reich 1736 die Krim erobern. 1740 nahm Münnich schließlich als russischer Premierminister kurz eine Schlüsselposition innerhalb der europäischen Politik ein. Doch bereits 1741 unterbrach ein Staatsstreich jäh seine Laufbahn: Von der neuen Zarin Elisabeth I. nach Sibirien verbannt, wurde er erst 1762 rehabilitiert. Büste von Arnold Hermann Lossow, München 1841.

124. Johann Joachim Winckelmann, Archäologe, Antiquar und Kunstschriftsteller, * 9.12.1717 in Stendal, † 8.6.1768 in Triest

Von einem Bibliothekarsposten in Dresden zog es den aus einfachen Verhältnissen stammenden Winckelmann ab 1758 nach Italien. In Rom war er anfänglich als Kunstberater des Kardinals Albani tätig, der ihn später als neuer Papst Klemens XIII. zum ersten ausländischen Aufseher der Altertümer im Vatikan ernannte (1763). Winckelmann gilt als Mitbegründer der wissenschaftlichen Archäologie und vergleichenden Kunstwissenschaft, der die antike Kunst (namentlich die Plastik) erstmals umfassend stilistisch bearbeitete, wobei er die griechischen Altertümer gegenüber den römischen als die originelleren und sittlich höherwertigen Kulturleistungen einstufte. Das von ihm etablierte Ideal griechischer Kunst fand in der berühmten Doppelung »edle Einfalt und stille Größe« bündigen Ausdruck. Mit Schriften wie den *Gedanken über die Nachahmung der griechischen Werke* (1755) und der *Geschichte der Kunst des Altertums* (1764) wurde Winckelmann zu einem der einflussreichsten Vordenker des Klassizismus. Büste von Ridolfo Schadow, Rom 1814.

125. Wilhelm Graf zu Schaumburg-Lippe, Militärtheoretiker und Heerführer, * 9.1.1724 in London, † 10.9.1777 in Wölpinghausen

Sein militärisches Können bewies Graf Wilhelm erstmals während des Siebenjährigen Krieges (1756–1763). 1762 ernannte ihn der portugiesische Premierminister Marquês de Pombal zum Generalfeldmarschall, als der er mittels einer ingeniösen Verteidigungsstrategie erfolgreich die zahlenmäßig überlegenen Armeen Frankreichs und Spaniens aufhielt. 1764 nach Deutschland zurückgekehrt, bildete Wilhelm sein heimatliches Fürstentum Schaumburg-Lippe zu einem Musterstaat nach den Maßgaben des aufgeklärten Absolutismus um. Dessen Autonomie sollte ein von ihm reorganisiertes und unter großen finanziellen Opfern unterhaltenes stehendes Heer garantieren. Seine einflussreichen militärstrategischen Überlegungen bündelte Wilhelm in der Theorie zur Führung des – von ihm allein als rechtmäßig erachteten – Verteidigungskriegs. Sie prägte die Ausbildung in der von ihm 1767 gegründeten Militärschule Wilhelmstein, die auch der spätere preußische Militärreformer Scharnhorst (Nr. 42) besuchte. Büste von Johann Gottfried Schadow, Berlin 1809.

126. Heinrich Heine, Dichter und Publizist, * 13.12.1797 in Düsseldorf, † 17.2.1856 in Paris

Heine, einer der größten deutschsprachigen Dichter des 19. Jahrhunderts, gilt als letzter Vertreter und zugleich als Überwinder der Romantik. Sein vielfältiges Œuvre umfasst neben Lyrik, Drama und Roman auch den feuilletonistischen Essay und den Reisebericht. Alltagssprache erhält in seinen Texten lyrischen Rang. Als brillanter Satiriker von seinen Gegnern gefürchtet, die ihn regelmäßig seinen jüdischen Wurzeln wegen diffamierten, lebte und arbeitete Heine ab 1831 fast ausschließlich in Frankreich, für ihn ein Hort der Freiheit und Kultur, wo er rasch literarische Anerkennung fand. Von der Gedankenwelt des Vormärz geprägt, strebte Heine in seinen Schriften nach einer Demokratisierung Europas, speziell Deutschlands. Marx und Engels stand er persönlich nahe, ohne ihre sozialistischen Überzeugungen vollständig zu teilen. Das Bewusstsein seiner künstlerischen wie gesellschaftlichen Außenseiterrolle prägte Heines Werk und bestimmte auch lange Zeit die Rezeption in Deutschland. Büste von Bert Gerresheim, Düsseldorf; Aufnahme 2010.

127. Albrecht von Haller, Mediziner, Naturforscher, Dichter, * 16.10.1708 in Bern, † 12.12.1777 in Bern

Der Schweizer Haller, einer der großen Universalgelehrten der Aufklärung, gründete 1736 an der Göttinger Universität eine medizinische Schule nach dem Vorbild seines Lehrers Boerhaave (Nr. 114). Medizingeschichtliche Bedeutung erlangte er auf dem Gebiet der experimentellen Physiologie mit Forschungen zur Reizbarkeit der Körperteile. Seine anatomischen Werke zeichneten in bis dato unerreichter Vollkommenheit die Anordnung der menschlichen Blutgefäße nach. In den *Elementa physiologiae corporis humani* (1757–1766) legte er das anatomisch-physiologische Wissen seiner Zeit umfassend dar. Zudem war Haller als Botaniker und Schriftsteller tätig und betreute die von ihm aufgebaute wissenschaftliche Rezensionszeitschrift »Göttingische Gelehrte Anzeigen«. Als Vertreter einer philosophischen Dichtung suchte er in seinen Werken Erfahrungswissenschaft und Metaphysik poetisch zu verschmelzen und die Natur zum Ausgangspunkt philosophischer Reflexion zu machen (*Die Alpen*, 1728). Büste von Johann Gottfried Schadow, Berlin 1808.

128. Anton Raphael Mengs, Maler, * 22.3.1728 in Aussig (Böhmen), † 29.6.1779 in Rom

»Der Inbegriff aller beschriebenen Schönheiten in den Figuren der Alten findet sich in den unsterblichen Werken Herrn Anton Raphael Mengs.« So pries Winckelmann (Nr. 124) 1764 seinen Freund und künstlerischen Mitstreiter. Vom sächsischen Kabinett- und Hofmaler Augusts III. in Dresden stieg Mengs, der ab 1751 vorwiegend in Italien lebte, zum favorisierten Maler des spanischen Königs Karl III. auf und erhielt Aufträge in Neapel und Madrid. Beeinflusst von Winckelmann wandte er sich von den tradierten Vorbildern des Barock und Rokoko ab und wandelte sich zum international tonangebenden Hauptvertreter einer klassizistischen Malerei, deren Prinzipien er 1761 in dem für die Villa Albani angefertigten Programmbild »Der Parnass« darzulegen suchte. Zugleich brillierte er im Bereich des Porträts. Als Kern seiner idealistischen Kunsttheorie definierte er die Schönheit als sinnlich erfahrbares Abbild göttlicher Vollkommenheit. Sein Ruf als »Sächsischer Apelles« und »Zweiter Raffael« wurde erst von den Romantikern, die gegen den Klassizismus opponierten, in Zweifel gezogen. Büste von Christian Daniel Rauch, Rom 1808.

129. Maria Theresia, Erzherzogin von Österreich, Königin von Ungarn und Böhmen seit 1740, * 13.5.1717 in Wien, † 29.11.1780 in Wien

Von ihrem Vater Kaiser Karl VI. als Thronerbin legitimiert folgte Maria Theresia diesem 1740 als Regentin der habsburgischen Länder nach, sah sich aber sogleich mit Bayern, Frankreich und Spanien im Kampf um dieses Erbe verstrickt. Während die tatkräftige Herrscherin diesen Österreichischen Erbfolgekrieg (1740–1748) letztlich siegreich bestand und 1745 die Kaiserkrone für ihren Gemahl Franz I. Stephan von Lothringen gewann, musste sie das reiche Schlesien 1763 an Friedrich II. von Preußen (Nr. 5) verloren geben. Erfolgreicher verlief die umfassende »Theresianische Reform«, die ab 1749 den Umbau des unbeweglichen habsburgischen Vielvölkerstaats im Geiste des aufgeklärten Absolutismus einleitete. Wirtschaftspolitisch verfolgte die Monarchin neue Varianten des Merkantilismus, während sie kirchlichen Belangen streng in Tradition und Gegenreformation verhaftet blieb. Als »Mutter der Völker« wurde Maria Theresia spätestens seit dem 19. Jahrhundert als identitätsstiftende »große Kaiserin« der Donaumonarchie verehrt. Büste von Konrad Eberhard, Rom 1811/12.

130. Sophie Scholl, Widerstandskämpferin, * 9.5.1921 in Forchtenberg, † 22.2.1943 in München

Nach kurzem Engagement in der Hitlerjugend distanzierten sich Sophie Scholl und ihr älterer Bruder Hans von der nationalsozialistischen Ideologie. Die Erfahrung staatlicher Repression formierte ihren Widerspruch. An der Münchner Universität lernten sie Gleichgesinnte kennen und gründeten mit ihnen die Widerstandsgruppe »Weiße Rose«. Mit der Verteilung regimefeindlicher Flugblätter prangerte die Gruppe ab Sommer 1942 die Naziverbrechen an, bis Sophie und Hans am 18.2.1943 verhaftet wurden. Das Regime reagierte unbarmherzig: Kurz nach der Verhaftung wurden die Geschwister und Christoph Probst vor dem Volksgerichtshof zum Tode verurteilt und hingerichtet. Die »Weiße Rose« bleibt Zeugnis für den Mut junger Menschen, die der nationalsozialistischen Korrumpierung widerstanden, sich ihrer Verantwortung stellten und das Leben dafür preisgaben. Büste von Wolfgang Eckert, Furtwangen; Aufnahme 2003.

GEDENKTAFELN

Historische Daten und Namensschreibung (in Klammer) nach heutigem Kenntnisstand korrigiert

OBERE REIHE (MITTIG ÜBER DEM EINGANG BEGINNEND)

1. Hermann (Arminius), Fürst der Cherusker, * um 18 v. Chr., † 21 n. Chr. Der germanische Heerführer besiegte in der Schlacht im Teutoburger Wald 9 n. Chr. die römischen Legionen unter Varus.

2. Marbod, Markomannenführer, † um 37 n. Chr. Der Zeitgenosse und Machtrivale des Arminius (Nr. 1) baute im heutigen Böhmen ein Herrschaftsgebiet auf, das die römische Expansion in der Region behinderte.

3. Veleda, Seherin, 1. Jahrhundert n. Chr. Die germanische Prophetin unterstützte mit ihren Visionen 69/70 n. Chr. den antirömischen Aufstand der Bataver.

Gedenktafeln an der Südwand

4. Claudius Civilis (Gaius Julius), Heerführer der Bataver, † um 100 n. Chr. Der in der römischen Armee ausgebildete Civilis führte den zeitweise erfolgreichen Aufstand der am Niederrhein siedelnden Bataver gegen die römischen Legionen an (69/70 n. Chr.).

5. Hermanerich (Ermanarich), König der Ostgoten, † 376 n. Chr. Der erste namentlich bekannte Herrscher der Ostgoten gründete zwischen Ostsee und Schwarzem Meer ein Reich, das jedoch schon wenig später von den einfallenden Hunnen zerstört wurde.

6. Ulfilas (Wulfila), westgotischer Bischof, * um 311, † Konstantinopel 381. Als Missionar bekehrte er die Goten zum arianischen Christentum. Mit seiner Bibelübersetzung gab er der gotischen Kultur eine Schriftsprache.

7. Friediger (Fritigern), Führer der Westgoten, † um 381. Als Heerführer der Terwingen besiegte er in der Schlacht von Adrianopel (378) die Truppen des oströmischen Kaisers Valens.

8. Alarich, König der Westgoten seit 395, * um 370, † 410. Als erster Heerführer seit 800 Jahren eroberte Alarich 410 mit seinen Truppen Rom.

9. Athaulf, König der Westgoten, † 415. Der Nachfolger des Alarich (Nr. 8) baute das bisherige gotische Heerkönigtum zu einer beherrschenden Macht der Spätantike aus und verfolgte das Ziel einer westgotischen Reichsgründung.

10. Theoderich (Theoderid), König der Westgoten, † 451. Theoderids Expansionspolitik führte zur Gründung eines westgotischen Staates in Südgallien (Tolosanisches Reich).

11. Horsa, angelsächsischer Kriegerfürst, † 455 (?). Zusammen mit seinem Bruder Hengist (Nr. 13) galt Horsa als sagenhafter germanischer Eroberer des keltoromanischen Britanniens.

12. Genserich (Geiserich), König der Vandalen seit 428, * um 390, † 477. In der reichen römischen Provinz Africa begründete der Vandalenkönig das erste eigenständige germanische Reich auf dem Gebiet des Imperium Romanum.

13. Hengist, angelsächsischer Kriegerfürst, † um 488 (?). Zusammen mit seinem Bruder Horsa (Nr. 11) galt Hengist als sagenhafter germanischer Eroberer des keltoromanischen Britanniens.

14. Odoaker, * 433, † Ravenna 15.3.493. Der weströmische Offizier germanischer Abkunft wurde nach der Absetzung des letzten weströmischen Kaisers Romulus Augustulus 476 zum König von Italien ausgerufen.

15. Chlodwig, fränkischer König, * 466, † 511. Der merowingische Fürst stieg zum Alleinherrscher des fränkischen Herrschaftsgebiets auf, das er aus machtpolitischen Überlegungen der Christianisierung öffnete.

16. Theoderich, gen. »der Große«, König der Ostgoten seit 471, * um 453, † Ravenna 526. Mit seinem Sieg über Odoaker (Nr. 14) wurde der ostgotische König zum Herrscher über Italien und das weströmische Reich, dem er eine Phase des Friedens und der Konsolidierung ermöglichte. Als prägende Persönlichkeit der Völkerwanderungszeit bot er das historische Vorbild der Sagengestalt des »Dietrich von Bern«.

17. Totila, König der Ostgoten seit 541, † 552. Zeitweilig konnte Totila die von Theoderich dem Großen (Nr. 16) begründete ostgotische Herrschaft über Italien erneuern, unterlag aber schließlich seinem Gegner, dem oströmischen Kaiser Justinian.

18. Alboin, König der Langobarden seit 561, † Verona 28.6.572. Alboin begründete 568 das germanische Langobardenreich in der norditalienischen Po-Ebene – den historischen Vorläufer der späteren Lombardei.

19. Teutelinde (Theodolinde), Königin der Langobarden, * um 570, † 22.1.628. Zwei Ehen der Tochter des Bayernherzogs Garibald mit Langobardenkönigen stellten enge Beziehungen zwischen Langobarden und Bayern her. Als Vermittlerin zwischen den arianischen Goten und dem Papsttum wird sie heute als Selige verehrt.

20. Emmeram der Heilige, Bischof und Missionar, † um 715. Der Wandermönch und Bischof wirkte als Missionar in Franken und Bayern und starb als Märtyrer, der seine bald verehrte Ruhestätte in Regensburg fand.

21. Pippin von Heristal, gen. Pipin »der Mittlere«, Hausmeier der Merowinger, * um 635, † 714. Der faktische Machthaber im Frankenreich begründete den Aufstieg des karolingischen Herrscherhauses unter seinem Sohn Karl Martell (Nr. 24).

22. Beda, gen. »der Verehrenswürdige«, Mönch und Geschichtsschreiber, * 673, † 26.5.735. Der angelsächsische Benediktiner zählt zu den bedeutendsten frühmittelalterlichen Gelehrten. Bereits früh verehrt, wurde er 1899 heiliggesprochen.

23. Willibrord der Heilige, * Northumbrien 658, † Echternach 7.11.739. Unter dem Schutz Pipins »des Mittleren« (Nr. 21) wirkte der angelsächsische Missionar als »Apostel der Friesen«. Im Jahr 698 gründete er das Kloster Echternach.

24. Karl, gen. »Martell« (»der Hammer«), fränkischer Hausmeier, * um 676, † 741. Der Großvater Karls des Großen (Nr. 31) beherrschte als faktischer Regent das merowingische Frankenreich. Als Sieger über das nach Mitteleuropa drängende arabische Heer in der Schlacht von Poitiers (732) galt er dem 19. Jahrhundert als »Retter des christlichen Abendlandes«.

25. Bonifatius (Wynfrith) der Heilige, * Kirton (Wessex) 672/73, † bei Dokkum an der Borne in Friesland 5.6.754. Der angelsächsische Bischof und Kirchenreformer wurde zum Missionar des noch überwiegend heidnischen Germaniens, wo der »Apostel der Deutschen« den Märtyrertod erlitt.

26. Pippin, gen. »der Kurze«/»der Jüngere«, fränkischer König 751–768, * um 715, † St. Denis 768. Der Vater Karls des Großen (Nr. 31) vereinigte das Fränkische Reich, dem er nach Absetzung des nominellen Merowingerherrschers auch als König vorstand, und begründete das für die kommenden Jahrhunderte folgenreiche Bündnis der fränkischen Herrscher mit dem Papsttum.

27. Wittekind (Widukind), sächsischer Herzog, † um 807. Der Anführer der heidnischen Sachsen und Gegner Karls des Großen (Nr. 31) unterwarf sich diesem erst nach jahrelangem Widerstand im Jahr 785, wodurch die Christianisierung der Sachsen und ihre Eingliederung ins karolingische Frankenreich eingeleitet wurde.

28. Paul Warnefried (Paulus Diaconus), langobardischer Historiker, * um 720, † 797. Der gelehrte Mönch und Geschichtsschreiber wirkte am Hof Karls des Großen (Nr. 31). Zu seinen Hauptwerken zählt die unvollendete *Historia Langobardorum*.

29. Alkuin, Abt und Gelehrter, * York um 735, † Tours 19.5.804. Der Berater Karls des Großen (Nr. 31) war ein wichtiger Vertreter der »Karolingischen Renaissance«, dem von Karls Hof ausgehenden Aufschwung der frühmittelalterlichen Kultur. Alkuin vermittelte das in den Klöstern seiner angelsächsischen Heimat bewahrte antike Wissen ins karolingische Frankenreich.

30. Egbert, König von Wessex (seit 802), † 839. Unter Egbert löste Wessex das Königreich Mercia als mächtigsten Teilstaat auf der Britischen Insel ab, weshalb er traditionell als der »erste König Englands« bezeichnet wurde.

31. Karl, gen. »der Große«, Kaiser seit 800, * 2.4.742, † Aachen 28.1.814. Unter dem bedeutendsten Herrscher des karolingischen Hauses erfuhr das Frankenreich seine größte Ausdehnung und erlangte die Vorherrschaft im frühmittelalterlichen Europa. Als erster westeuropäischer Herrscher seit dem Untergang des Römischen Reiches empfing und erneuerte Karl die Kaiserwürde, ein epochemachendes Ereignis, das die weitere Geschichte Europas nachhaltig beeinflussen sollte.

32. Eginhard (Einhard), Gelehrter, * Euerdorf bei Bad Kissingen 770, † Seligenstadt 14.3.840. Einhard zählt zu den wichtigen Vertretern der sogenannten »Karolingischen Renaissance«, dem vom Hof Karls des Großen (Nr. 31) ausgehenden Aufschwung in Kunst und Bildungswesen des Frankenreichs. Er war als Geschichtsschreiber, Bauleiter sowie als Kunstberater tätig und hinterließ eine Biografie Karls.

UNTERE REIHE (MITTIG ÜBER DEM EINGANG BEGINNEND)

33. Hrabanus Maurus, Abt und Gelehrter, * um 784, † Mainz 4.2.856. Der Abt des Klosters Fulda und Erzbischof von Mainz führte nach der Aufteilung des Reiches Karls des Großen (Nr. 31) die unter diesem initiierte »Karolingische Renaissance« im ostfränkischen Reichsteil fort. Seine Lehrtätigkeit ehrte das frühe 19. Jahrhundert mit dem posthumen Ehrentitel eines »Primus Praeceptor Germaniae«.

34. Arnulf, Kaiser seit 896, * um 850, † 8.12.899. Nach der Entmachtung Karls III. stieg Arnulf zunächst zum König des ostfränkischen Teils des Karolingerreichs auf, um dessen Verteidigung und Fortentwicklung er sich vorrangig bemühte. 896 wurde er zum Kaiser gekrönt.

35. Alfred, gen. »der Große«, angelsächsischer König seit 871, * 849, † 26.10.899. Nach der siegreichen Abwehr der Wikinger schuf Alfred auf der Britischen Insel die Basis für eine Vereinigung der verschiedenen angelsächsischen Kleinkönigreiche unter der Vorherrschaft des von ihm regierten Wessex. An seinem Hof und in den von ihm gegründeten Klöstern erfuhr die altenglische Literatur bedeutende Förderung.

36. Otto, gen. »der Erlauchte«, Herzog von Sachsen, † 30.11.912. Otto baute die liudolfingische Machtstellung in Sachsen und im ostfränkischen Reich aus und legte so die Grundlage für den weiteren Aufstieg seines Hauses unter seinem Sohn, König Heinrich I., dem »Vogler« (Büste Nr. 1).

37. Arnulf I., gen. »der Böse«, Herzog von Bayern seit 907, † 937. Arnulf erneuerte das bayerische Stammesherzogtum, das er gegenüber dem Reich Konrads I. und Heinrichs I. (Büste Nr. 1) unabhängig zu halten versuchte. Unter Inanspruchnahme von Kirchengut (was ihm seinen Beinamen eintrug) reorganisierte er den bayerischen Heerbann und vermochte 909 und 913 die Einfälle der Ungarn zurückzuschlagen.

38. Mechthilde (Mathilde) die Heilige, † 14.3.968. Die Gemahlin König Heinrichs I. (Büste Nr. 1) und Mutter Kaiser Ottos I. »des Großen« (Büste Nr. 2) gründete nach dem Tod ihres Gatten an dessen Grabstätte in Quedlinburg ein Stift, dem sie 30 Jahre lang bis 966 vorstand.

39. Roswitha von Gandersheim (Hrothsvitha), Dichterin, * um 935, † wohl nach 975. Die gelehrte niedersächsische Kanonissin gilt als erste »deutsche« Schriftstellerin. In ihrem dem ottonischen Kaiserhof verbundenen Stift Gandersheim verfasste sie geistliche und historische Dramen und Schriften.

40. Bernward der Heilige, Bischof, * um 960, † 20.1.1022. Der sächsische Adlige und spätere Erzieher Kaiser Ottos III. wurde 993 zum Bischof von Hildesheim geweiht. Unter seiner Ägide erlebte das niedersächsische Bistum eine bedeutende kulturelle Blüte.

41. Heribert der Heilige, Erzbischof von Köln seit 999, * um 970, † 16.3.1021. Heribert wirkte als Kanzler Kaiser Ottos III. Als Politiker vertrat er die an Ottos Hof formulierte Politik einer Wiederherstellung älterer kaiserlicher Rechte und Besitzungen (»Renovatio imperii Romanorum«).

42. Heinrich III., Kaiser seit 1039, * 28.10.1017, † 5.10.1056. Der zweite salische Kaiser zählt zu den mächtigsten Herrschern des Hochmittelalters, der mit der Absetzung dreier konkurrierender Päpste auf der Synode von Sutri 1046 über die Reichskirche hinaus bedeutenden Einfluss auf die Kirchenpolitik seiner Zeit nahm.

43. Lambrecht von Aschaffenburg (Lampert von Hersfeld), Geschichtsschreiber, * um 1028, † um 1080. Der Hersfelder Mönch und spätere Abt des Klosters Hasungen verfasste um 1078/79 sein Hauptwerk, die *Annales*, in denen er ausführlich und mit Stoßrichtung gegen Heinrich IV. den Investiturstreit zwischen Kaiser und Papst darstellte.

44. Otto der Heilige, Bischof von Bamberg, * um 1063, † 30.6.1139. Als Kanzler Kaiser Heinrichs IV. war Otto in den Investiturstreit zwischen Kaiser und Papsttum involviert und an der Ausarbeitung des Wormser Konkordats beteiligt, das den Konflikt befriedete. Als Bauherr leitete er Arbeiten an den Domen von Speyer und Bamberg. In Pommern wirkte der 1189 heiliggesprochene Bischof erfolgreich als Missionar.

45. Otto von Freising, Bischof, Historiker, * nach 1111, † 22.9.1158. Der Onkel des Stauferkaisers Friedrich I. »Barbarossa« (Büste Nr. 6) gilt als einer der bedeutendsten Geschichtsschreiber des hohen Mittelalters, zu dessen Werken eine achtbändige Weltchronik und die *Gesta Frederici*, eine Biografie seines kaiserlichen Neffen, zählen.

46. Hildegard von Bingen, deutsche Mystikerin, * 1098, † 17.9.1179. Die spätestens seit 1584 als Heilige verehrte Universalgelehrte leitete als Äbtissin die Klöster Disibodenberg, Rupertsberg und Eibingen. Neben ihren einflussreichen mystischen Schriften verfasste sie auch naturkundliche, medizinische und musiktheoretische Arbeiten.

47. Otto I. von Wittelsbach, Herzog von Bayern seit 1180, * um 1120, † 11.7.1183. Der loyale Gefolgsmann des Stauferkaisers Friedrich I. »Barbarossa« (Büste Nr. 6) wurde von diesem 1180 mit dem Herzogtum Bayern belehnt, das dem geächteten Welfen Heinrich »dem Löwen« (Büste Nr. 7) entzogen wurde. Otto begründete so die künftige Herrschaft des Hauses Wittelsbach.

48. Engelbert der Heilige, Erzbischof von Köln, * um 1185, † 7.11.1225. Der Kölner Erzbischof wirkte als Reichsverweser für Kaiser Friedrich II. (Büste Nr. 8) und Vormund von dessen Sohn König Heinrich VII. Während seiner Amtstätigkeit stärkte er die territoriale Landesherrschaft der deutschen Fürsten und deren Einfluss auf die Königswahl.

49. Der Dichter des Nibelungenliedes. Das mittelhochdeutsche Epos, das man im 19. Jahrhundert zum deutschen Nationalgedicht umdeutete, wurde um 1200 nach älteren Vorlagen von einem unbekannten Autor im Raum zwischen Passau und Wien verfasst.

50. Walther von der Vogelweide, Dichter, * 1170, † um 1230. Walther gilt als der wichtigste mittelalterliche Lyriker im deutschen Sprachraum, von dem eine große Anzahl von Minneliedern und tagespolitischen Sangsprüchen überliefert ist.

51. Elisabeth die Heilige, Landgräfin von Thüringen, * 1207, † 17.11.1231. Die ungarische Königstochter heiratete 1221 Landgraf Ludwig IV. von Thüringen und widmete sich nach dessen frühem Ableben der Armen- und Krankenpflege. Schon wenige Jahre nach ihrem Tod wurde sie heiliggesprochen.

52. Leopold, gen. »der Glorreiche«, Herzog von Österreich, * 1176, † 28.7.1230. Leopolds Hof bildete ein Zentrum des Minnesangs. Als Kriegsherr nahm er an zwei Kreuzzügen gegen die ägyptische Stadt Damiette sowie die von der Kirche bekämpften Albigenser teil und öffnete auch sein eigenes Herzogtum der Ketzerverfolgung.

53. Hermann von Salza, Deutschordens-Hochmeister, * 1170, † 20.3.1239. Der Berater Kaiser Friedrichs II. (Büste Nr. 8) und Vermittler zwischen diesem und dem Papst gewann 1234 Preußen für den Deutschritterorden.

54. Wolfram von Eschenbach, Dichter, * um 1170, † um 1220. Wolfram gilt als einer der bedeutendsten mittelhochdeutschen Minnesänger und Ependichter. Sein Hauptwerk ist der etwa zwischen 1200 und 1210 entstandene Versroman *Parzival*.

55. Der Baumeister des Kölner Doms, * um 1210/1215, † um 1271. Die Tafel bezieht sich auf den 1257 urkundlich erwähnten Meister Gerhard, der ab 1247 den Domchor mit dem umgebenden Kapellenkranz errichtete. Erst im 19. Jahrhundert wurde der Bau als Symbol der deutschen Nationalbewegung vollendet.

56. Arnold von Thurn (Arnold zum Turm), † ca. 1266. Während des Interregnums in der Mitte des 13. Jahrhunderts gründeten der Mainzer Stadtkämmerer Arnold und sein Namensvetter Arnold Walpod den (ersten) Rheinischen Städtebund. Dieser machtvolle kommunale Zusammenschluss des hohen Mittelalters war als Schutz- und Handelsbündnis konzipiert .

57. Albertus Magnus, Gelehrter und Bischof, * um 1200, † 15.11.1280. Der Dominikanermönch und spätere Bischof von Regensburg zählt zu den führenden Vertretern des christlichen Aristotelismus und der darauf fußenden Hochscholastik und galt manchen Zeitgenossen aufgrund seiner Gelehrsamkeit sogar als mächtiger Magier. Sein bedeutendster Schüler war der heilige Thomas von Aquin.

58. Die drei Männer des Rütli. Walther Fürst, Werner Stauffacher und der (historisch nicht bezeugte) Arnold Melchthal, die Abgesandten dreier Kantone, begründeten mit einem gemeinsamen Schwur auf dem Rütli am Vierwaldstätter See den ersten Bund der schweizerischen Eidgenossen (1.8.1291), eine Szene, die dem 19. Jahrhundert vor allem in der von Schiller (Büste Nr. 31) im *Wilhelm Tell* dramatisierten Fassung gegenwärtig war.

59. Friedrich, gen. »der Schöne«, Herzog von Österreich, * 1289, † 13.1.1330. Der Habsburger Friedrich wurde 1314 zum Gegenkönig seines Vetters, des Wittelsbachers Ludwig IV. des Bayern, gewählt, der ihn jedoch in der Schlacht von Mühldorf 1322 besiegte. Im 19. Jahrhundert wurden die beiden Gegner nicht zuletzt wegen ihres ritterlichen Umgangs miteinander bewundert.

60. Bruno von Warendorp, Ratsherr und Bürgermeister von Lübeck, † 1369. Das von Bruno aufgestellte Truppenkontingent trug zum Sieg der Kölner Konföderation gegen den dänischen König Waldemar IV. bei. Der darauffolgende Friede von Stralsund markiert den Höhepunkt der Macht der Hansestädte.

61. Arnold von Winkelried, † angeblich 9.7.1386. Der legendenhafte Held der Schweizer Habsburgerkriege soll durch seinen Opfertod in der Schlacht von Sempach 1386 den Sieg der Eidgenossen über Herzog Leopold III. ermöglicht haben.

62. Meister Wilhelm von Köln (Wilhelm von Herle?). Der zwischen 1370 und 1390 in Kölner Urkunden fassbare Maler wird als Haupt der niederrheinischen oder Kölner Malerschule (14.–16. Jahrhundert) betrachtet, als deren Meisterwerk heute der in der ersten Hälfte des 15. Jahrhunderts entstandene Altar der Kölner Stadtpatrone von Stefan Lochner gilt.

63. Hadrin von Bubenberg (Adrian), Schweizer Feldherr, * um 1430, † 1479. Der Berner Patrizier verteidigte 1476 erfolgreich das schweizerische Murten gegen die Truppen Karls des Kühnen von Burgund.

64. Peter Henlein, Schlossermeister, * um 1480, † 14.11.1542. Der Überlieferung zufolge stellte der Nürnberger Feinmechaniker als Erster kleine, am Körper tragbare Räderuhren, die Vorläufer der Taschenuhr, her.

Literaturverzeichnis

Vorausgehende Doppelseite: Blick auf den westlichen Säulenumgang und die Donauebene

REDE ZUR FEIERLICHEN GRUNDSTEINLEGUNG WALHALLA'S AM 18. OKTOBER 1830 VON EDUARD VON SCHENK, königlicher Staatsminister des Inneren, Regensburg 1830

REDE BEI DER FEIERLICHEN ERÖFFNUNG DER WALHALLA AM 18. OKTOBER 1842 VON FREIHERRN VON ZU RHEIN, K. Regierungspräsident der Oberpfalz und von Regensburg, Regensburg 1842

LEO VON KLENZE: Walhalla in technischer und artistischer Beziehung, München 1842

LUDWIG I.: Walhalla's Genossen, geschildert durch König Ludwig den Ersten von Bayern, den Gründer Walhalla's, München 1842

JOSEPH ANTON PANGKOFER: Walhalla, geschildert von Jos. Ant. Pangkofer, Regensburg 1842

FRANZ XAVER SEIDL: Fest-Schrift zur Feier der Enthüllung des Standbildes König Ludwigs des Ersten von Bayern in der Walhalla, Regensburg 1890

HANS KIENER: Hallers Entwürfe zur Glyptothek und Walhalla. In: Münchner Jahrbuch der bildenden Kunst 13 (1923), S. 102–120

LEOPOLD DAVID ETTLINGER: Denkmal und Romantik. Bemerkungen zu Leo von Klenzes Walhalla. In: Festschrift für Herbert von Einem zum 16. Februar 1965. Hrsg. von Gert von der Osten und Georg Kauffmann, Berlin 1965, S. 60–70

FRANK OTTEN: Ludwig Michael Schwanthaler 1802–1848: ein Bildhauer unter Ludwig I. von Bayern; Monographie und Werkverzeichnis, München 1970

LUDGER KERSSEN: Das Interesse am Mittelalter im deutschen Nationaldenkmal, Berlin/New York 1975 (Arbeiten zur Frühmittelalterforschung 8)

Luftaufnahme der Walhalla mit Unterbau und Treppenanlage

RUPRECHT STOLZ: Die Walhalla. Ein Beitrag zum Denkmalsgedanken im 19. Jahrhundert, Köln 1977

VEIT LOERS: Walhalla und Salvatorkirche. Der Ehrentempel zwischen Bildungsgarten und ästhetischer Landschaft. In: Verhandlungen des Historischen Vereins für Oberpfalz und Regensburg 118 (1978), S. 137–171

VEIT LOERS: Walhalla zwischen Historie und Historismus. In: Verhandlungen des Historischen Vereins für Oberpfalz und Regensburg 119 (1979), S. 345–371

JÖRG TRAEGER: Monument, Museum, Mausoleum. Aspekte neoklassizistischer Unsterblichkeit. In: Saloni, gallerie, musei e loro influenza sullo sviluppo dell'arte dei secoli XIX e XX. Hrsg. von Francis Haskell (C.I.H.A. Comité International d'Histoire de l'Art), Bologna 1981 (Atti del XXIV Congresso Internazionale di Storia dell'Arte 7), S. 37–47

JÖRG TRAEGER: Der Geist der Marmorgemeinde. Sakrale Verwandlungen in der Walhalla und ein theologischer Gedanke Johann Michael

Sailers. In: Johann Michael Sailer. Theologe, Pädagoge und Bischof zwischen Aufklärung und Romantik. Vortragsreihe der Universität Regensburg. Hrsg. von Hans Bungert, Regensburg 1983 (Schriftenreihe der Universität Regensburg 8), S. 87–113

KARL ARNDT: Die Wurzeln der Walhalla-Idee Ludwigs I. von Bayern. In: Vergänglichkeit und Denkmal. Beiträge zur Sepulkralkultur. Hrsg. von Jutta Schuchard und Horst Claussen, Bonn 1985, S. 137–143

»VORWÄRTS, VORWÄRTS SOLLST DU SCHAUEN ...«: Geschichte, Politik und Kunst unter Ludwig I. Katalog zur Ausstellung im Germanischen Nationalmuseum Nürnberg, 25. August bis 9. November 1986. Hrsg. von Johannes Erichsen u. a., 3 Bde., München 1986 (Veröffentlichungen zur bayerischen Geschichte und Kultur 8–10)

GÜNTHER LORENZ: Walhalla's herrlichste Zierde. Der Walhallafries des Johann Martin von Wagner, Regensburg 1988

JÖRG TRAEGER: Der Weg nach Walhalla. Denkmallandschaft und Bildungsreise im 19. Jahrhundert, Regensburg 1987; 2., erweiterte Auflage 1991

JÖRG TRAEGER: Denkmal in sturmbewegter Zeit. Jubiläumsgedanken zur Walhalla. In: Festschrift für Gerhard Bott zum 60. Geburtstag. Hrsg. von Ulrich Schneider, Darmstadt 1987, S. 115–127

EMANUEL SCHMID: Die Planungsgeschichte der Walhalla-Giebelfelder 1809–1842. Ein Beitrag zur Kunstpolitik König Ludwigs I. von Bayern; Teil I (1809–1830). In: Ars Bavarica. Gesammelte Beiträge zur Kunst, Geschichte, Volkskunde und Denkmalpflege in Bayern und in den angrenzenden Bundesländern 49/50 (1988), S. 93–132

GÜNTER LORENZ: Römischer Werkstattbetrieb des Historismus: Entwurf und Ausführung von Johann Martin von Wagners „Walhallafries" (1822–1837). In: Künstlerleben in Rom. Bertel Thorvaldsen (1770–1844). Der dänische Bildhauer und seine deutschen Freunde. Katalog zur Ausstellung in Nürnberg, 1. Dezember 1991 bis 1. März 1992, und Schleswig, 22. März bis 21. Juni. Hrsg. von Gerhard Bott und Heinz Spielmann, Nürnberg 1991, S. 249–258

EMANUEL SCHMID: Die Planungsgeschichte der Walhalla-Giebelfelder 1809–1842. Ein Beitrag zur Kunstpolitik König Ludwigs I. von Bayern;

Teil II (1830–1842). In: Ars Bavarica. Gesammelte Beiträge zur Kunst, Geschichte, Volkskunde und Denkmalpflege in Bayern und in den angrenzenden Bundesländern 67/68 (1992), S. 111–157

JÖRG TRAEGER: Walhalla oder die Republik des Ruhmes. 150 Jahre Nationaldenkmal. Sonderdruck aus: Blick in die Wissenschaft. Forschungsmagazin der Universität Regensburg, Heft 2, 2. Jahrgang (1993), S. 48–57

HANS-MICHAEL KÖRNER/KATHARINA WEIGAND: Die Walhalla. In: Denkmäler in Bayern (Hefte zur bayerischen Geschichte und Kultur 19), Augsburg 1997, S. 10–15

ADRIAN VON BUTTLAR: Leo von Klenze. Leben – Werk – Vision, München 1999

LEO VON KLENZE. Architekt zwischen Kunst und Hof 1784–1864. Katalog zur Ausstellung in München, 12. Mai bis 3. September 2000. Hrsg. von Winfried Nerdinger, München 2000

WERNER LORENZ/ANNEGRET ROHDE: Building with Iron in Nineteenth Century Bavaria – The Valhalla Roof Truss and its Architect, Leo von Klenze. In: Construction History. Journal of the Construction History Society 17 (2001), S. 56–74

FRANZISKA DUNKEL: »Keiner der des Preises würdig wäre«? Zum Gutachten über den Architekturwettbewerb für Invalidenhaus, Walhalla und Glyptothek. In: Münchner Jahrbuch der bildenden Kunst, 3. Folge, 53 (2002), S. 253–281

ANDREAS KLEIN: Restaurierung der kranzwerfenden Viktoria von Christian Daniel Rauch abgeschlossen. In: Jahrbuch der Berliner Museen 46 (2004) (Ehemals Jahrbuch der Preußischen Kunstsammlungen/Neue Folge), S. 245–248

JÖRG TRAEGER: Münchner Königsdenkmal und Walhallaplastik. Zum Bedeutungsgehalt der bayerischen Werke Christian Daniel Rauchs. Mit einem Anhang: Franz Liszts Text über die Rauch'schen Viktorien. In: Kolloquium zur Skulptur des Klassizismus. Hrsg. von Birgit Kümmel und Bernhard Maaz, Bad Arolsen 2004, S. 69–78

ERICH SAUER: Die Dreifaltigkeitskirche in Regensburg-Steinweg und die Walhalla-Landschaft. Die »byzantinische« Vorhalle der Kirche ein Werk Leo von Klenzes? In: Verhandlungen des Historischen Vereins für Oberpfalz und Regensburg 146 (2006), S. 353–388

JÖRG TRAEGER: Die Walhalla. Eine romantische Architecture parlante? In: König Ludwig I. von Bayern und Leo von Klenze. Symposion aus Anlaß des 75. Geburtstags von Hubert Glaser. Hrsg. von Franziska Dunkel, Hans-Michael Körner und Hannelore Putz, München 2006, S. 273–292

Historische Wartungsleiter an der Ostwand

THOMAS W. GAETHGENS/GREGOR WEDEKIND: Le culte des grands hommes – du Panthéon au Walhalla. In: Le culte des grands hommes 1750–1850. Hrsg. von Thomas W. Gaethgens und Gregor Wedekind, Paris 2009 (Passagen 16), S. 1–12

ANNA MARIE PFÄFFLIN: Kunstansichten zur Walhalla: Die »Poetische Idee« Leo von Klenzes. In: Zeitschrift für Kunstgeschichte 73 (2010), S. 67–98

SIMONE STEGER: Die Bildnisbüsten der Walhalla bei Donaustauf. Von der Konzeption durch Ludwig I. von Bayern zur Ausführung (1807–1842), München 2011. Abrufbar unter https://edoc.ub.uni-muenchen.de/13690/

HANNELORE PUTZ: Für Königtum und Kunst. Die Kunstförderung König Ludwigs I. von Bayern, München 2013 (Schriftenreihe zur bayerischen Landesgeschichte 164)

INES TÄUBER: Drei Büsten für die Walhalla im Auftrag des sächsischen Reichsstatthalters Martin Mutschmann (1879–1947). Ein Fall aus der Provenienzforschung. In: Mitteldeutsches Jahrbuch für Kultur und Geschichte, 20 (2013), S. 99–107

WALHALLA. Amtlicher Führer. Hrsg. vom Staatlichen Bauamt Regensburg, 2014

WALHALLA. 2004–2014. Werkbericht zur Restaurierung der Ruhmeshalle. Hrsg. vom Staatlichen Bauamt Regensburg, Regensburg 2014

ADRIAN VON BUTTLAR: Leo von Klenze. Führer zu seinen Bauten, Berlin/München 2016

THEODORICH
DER GROSSE
KOEN·D·OSTGOTHEN
+ DXXVI
ENGELBERT
D·HEIL·ERZ·
BISCHOF V·COELN
+ MCCXXVI

Personenverzeichnis

ZUM
HUNDERTSTEN
GEBURTSFESTE
MDCCCLXXXVI

Blick aus dem »Ophistodom« nach Süden

Publikationen der Bayerischen Schlösserverwaltung

Die Bayerische Schlösserverwaltung gibt zu allen Sehenswürdigkeiten farbig illustrierte Amtliche Führer heraus, die meist in mehreren Fremdsprachen vorliegen. Zu zahlreichen Parkanlagen sind Gartenpläne mit bebilderten Kurztexten erhältlich. Ausstellungs- und Bestandskataloge, Bildhefte und wissenschaftliche Veröffentlichungen runden das vielfältige Publikationsangebot ab. Neben den Büchern gibt es aber auch Plakate und CD-ROMs.
Die Besucherinformation »Staatliche Schlösser und Gärten in Bayern« mit den aktuellen Öffnungszeiten, Eintrittspreisen und einem Kurzüberblick über die einzelnen Sehenswürdigkeiten kann gegen eine Schutzgebühr von 2,50 EUR in Briefmarken bestellt werden.

Das komplette Programm der Veröffentlichungen kann kostenfrei angefordert werden:

Bayerische Verwaltung der staatlichen Schlösser, Gärten und Seen
Postfach 20 20 63 · 80020 München
Tel. 089 17908-0 · Fax 089 17908-190
shop@bsv.bayern.de · www.schloesser.bayern.de

Alphabetisches Verzeichnis der Büsten (Seite 108 – 173)

Die Nummern bezeichnen die Standorte der Büsten (siehe Plan auf S. 107)

Ferdinand von Miller d. J., Statue König Ludwigs I., 1890

Alphabetisches Verzeichnis der Gedenktafeln (Seite 174–183)

Die Nummern bezeichnen die Reihenfolge der Gedenktafeln

Sehenswürdigkeiten der Bayerischen Schlösserverwaltung

www.schloesser.bayern.de ▪ Tel. +49 89 17908-0

Ansbach
- Residenz Ansbach

Aschaffenburg
- Schloss Johannisburg
- Pompejanum
- Schloss und Park Schönbusch

Bamberg
- Neue Residenz Bamberg

Bamberg/ Memmelsdorf
- Schloss Seehof

Bayreuth
- Neues Schloss
- Markgräfliches Opernhaus

Bayreuth/Donndorf
- Gartenkunst-Museum Schloss und Park Fantaisie

Bayreuth/Eremitage
- Altes Schloss Eremitage

Bayreuth/Wonsees-Sanspareil
- Felsengarten Sanspareil, Morgenländischer Bau
- Burg Zwernitz

Burghausen
- Burg zu Burghausen

Cadolzburg
- Burg und Burggarten

Coburg
- Schloss Ehrenburg

Coburg/Rödental
- Schloss Rosenau

Dachau
- Schloss Dachau

Donaustauf
- Walhalla

Eichstätt
- Willibaldsburg

Ellingen
- Residenz Ellingen

Feldafing am Starnberger See
- Park Feldafing und Roseninsel

Herrenchiemsee
- Königsschloss Herrenchiemsee (Neues Schloss) und König Ludwig II.-Museum
- Museum im Augustiner-Chorherrenstift Herrenchiemsee (Altes Schloss)

Höchstädt
- Schloss Höchstädt

Holzhausen am Ammersee
- Künstlerhaus Gasteiger

Kelheim
- Befreiungshalle

Kempten
- Residenz Kempten

Königssee
- St. Bartholomä

Kulmbach
- Plassenburg

Landshut
- Burg Trausnitz
- Stadtresidenz

Lauenstein bei Ludwigsstadt
- Burg Lauenstein

Linderhof
- Schloss Linderhof

München
- Residenz München
  Schatzkammer der Residenz
  Cuvilliés-Theater
- Feldherrnhalle
- Ruhmeshalle und Bavaria
- Schloss Nymphenburg
  Amalienburg, Badenburg, Pagodenburg, Magdalenenklause
  Marstallmuseum
  Museum Nymphenburger Porzellan
- Englischer Garten

München/ Oberschleißheim
- Neues Schloss Schleißheim
- Schloss Lustheim

Neuburg an der Donau
- Schloss Neuburg an der Donau

Neuschwanstein/ Schwangau
- Schloss Neuschwanstein

Nürnberg
- Kaiserburg Nürnberg

Prunn im Altmühltal
- Burg Prunn

Riedenburg
- Burg Rosenburg

Schachen
- Königshaus am Schachen

Schnaittach
- Festung Rothenberg

Übersee/Feldwies
- Künstlerhaus Exter

Veitshöchheim
- Schloss und Hofgarten Veitshöchheim

Würzburg
- Residenz Würzburg
- Festung Marienberg

Burg Prunn von der Altmühl aus

Burg Prunn

Wie das Idealbild einer Ritterburg thront die Burg Prunn über dem Altmühltal. Der mächtige Bergfried entstand bereits um 1200. Die erhaltenen Wandmalereien stammen aus dem Spätmittelalter. Kulturhistorische Bedeutung erlangte Prunn als Fundort des »Prunner Codex«, einer Handschrift des berühmten Nibelungenlieds. Der Ausstellungsrundgang verbindet die Geschichte der Burg mit den unterschiedlichen Facetten des Heldenepos. Die Besucher erfahren Spannendes zu Kleidung, Turnierwesen, Jagd, Festlichkeiten und der Rolle der Frauen im Mittelalter.

Burg Rosenburg

Über der Stadt Riedenburg an der Altmühl liegt die Rosenburg, eine Gründung der Burggrafen von Regensburg. Wohl ab Mitte des 12. Jahrhunderts erbaut, gelangte sie 1196 an Herzog Ludwig I. von Bayern und blieb im Besitz des Hauses Wittelsbach. Die Anlage ist im Kern romanisch. Das heutige Erscheinungsbild der Burg prägen die Gebäude der Renaissance mit ihren Treppengiebeln. Die Rosenburg wird heute durch einen privat betriebenen Falkenhof mit Jagd- und Falknereimuseum genutzt. Die Vogelgehege sind in den Burghöfen zu besichtigen.

Blick auf das innere Tor und die Rosenburg

Befreiungshalle Kelheim über der Donau

Befreiungshalle Kelheim

Die Kuppel mit Glaslaterne

Die von König Ludwig I. in Auftrag gegebene Gedenkstätte für die siegreichen Schlachten gegen Napoleon in den Befreiungskriegen 1813 bis 1815 wurde von Friedrich Gärtner in Anlehnung an antike und christliche Zentralbauideen begonnen und 1863 von Leo von Klenze nach geänderten Plänen vollendet.
Die Strebepfeiler der Außenfassade bekrönen 18 Kolossalstatuen als Allegorien der deutschen Volksstämme. Die Zahl 18 versinnbildlicht auch das Datum der Völkerschlacht bei Leipzig (18.10.1813), an dem die Truppen Napoleons von der Koalition vernichtend geschlagen wurden. Im Innenraum reichen sich 34 Siegesgöttinnen aus weißem Carrara-Marmor, entworfen von Ludwig Schwanthaler, die Hände zu einem feierlichen Reigen. Sie stützen 17 vergoldete Schilde aus der Bronze eingeschmolzener Geschütze.

Das Innere der Befreiungshalle mit den Siegesgöttinnen

Abbildungsnachweis: Architekturmuseum der TU München: S. 24, 25 • Bayerische Staatsbibliothek München: S. 22 (Klenzeana VIII.46a [bsb00078293]); 27, 28 (Cod.icon. 2017 v/2, Bild 24 und 15); 30 (Klenzeana I.1 [bsb00012199], Bl. 100); 40 (Res/4 It.sing. 211 m-1, Tafel 17 zwischen Seite 498 und 499); 31 (Klenzeana IX.17/5); S. 54 (Res/2 Bavar. 477 d, Tab. X); 56 (Bavar. 2182, Tafel zwischen Seite 80 und 81); S. 97 (Res/4 A.civ. 48) • Bayerische Staatsgemäldesammlungen, Neue Pinakothek München: S. 11 , 38/39 • Bayerisches Staatsministerium der Finanzen, für Landesentwicklung und Heimat: U2 • Bibliothèque nationale de France: S. 20 (cote: N08412321) • Bpk: Kupferstichkabinett, SMB: S. 21 (Foto: Reinhard Saczewski); Bpk: Kupferstichkabinett, SMB: S. 35, 53 (Foto: Jörg P. Anders); Bpk: Nationalgalerie, SMB: S. 70, 71 (Foto: Andres Kilger) • Münchner Stadtmuseum, Sammlung Fotografie: S. 6; Münchner Stadtmuseum, Sammlung Graphik/Gemälde: S. 50, 61 • Museen der Stadt Regensburg, Historisches Museum: S. 48 (Foto: Michael Preischl) • National Trust Images: S. 19 unten (Foto: Andrew Butler) • Nürnberg Luftbild, Hajo Dietz: S. 14, 32, 185, 199 oben • Rainer, Konrad: S. 198 oben • Schneck, Rainer: S. 199 Mitte u. unten • Staatliche Graphische Sammlung München, S. 26 (Inv.-Nr. 26810 Z), 29 (Inv.-Nr. 26853 Z) • Staatliches Bauamt Regensburg: U1 (Foto: Ebener) • Tate, London 2017: S. 43 (accepted by the nation as part of the Turner Bequest 1856) • The State Hermitage Museum, St. Petersburg: S. 42 (Foto: Vladimir Terebenin) • ullstein bild: S. 19 oben (Foto: Engelke) • Universitätsbibliothek Marburg: S. 15 (Marburg: Elwert, 1912 Sign. Zentralbibl.: XX A 1 asb)

Alle übrigen: Bayerische Schlösserverwaltung: Andrea Gruber / Rainer Herrmann / Maria Scherf / Ulrich Pfeuffer / Jost Albert

1. Auflage

Projektleitung: Kathrin Jung
Redaktionelle Mitarbeit: Claudia Forchel
Lektorat: Irmgard Killing, München; Claudia Forchel
Grafische Gestaltung: Isabel Barthel, page-perfect.de(sign), München
Lithografie: Reproline Genceller, München
Druck: BluePrint AG, München
ISBN 978-3-941637-48-1
Printed in Germany